Lisa Biritz

Vision der Seele

Entdecke deine Bestimmung im Leben

Schirner
Verlag

ISBN 978-3-8434-5157-4

Lisa Biritz:
Vision der Seele
Entdecke deine Bestimmung
im Leben
© 2017 Schirner Verlag, Darmstadt

Umschlag & Layout: Anke Müller & Marie Springer, Schirner, unter Verwendung von Bildern von Francene Hart (www.francenehart.com) sowie # 130687499 (© Michal Chmursk), # 108829718 (© iana), www.shutterstock.com
Lektorat: Rudolf Garski, Schirner
Printed by: Ren Medien GmbH, Germany

www.schirner.com

1. Auflage Januar 2018

Inhalt

Leben, gelinge! 5
    Gehe deinen Weg 13
    Erfüllt vom Leben 17
Dein Glück ist deine oberste Priorität 23
    Sei neugierig 27
    Nur Mut! 30
    Spirituelle Gesetze 35
    Herzensweg 38
Vision der Seele 43
    Natürlich sein 46
    Über den Schamanismus 48
    Zeichen deuten 51
    Verbundenheit mit dem Leben 52
    Meine erste Medizinwanderung 55
    Weisheit der Bäume 60
    Träume dein Leben 64
    Fließe 70
Visionssuche 74
    Lebenstraum 75
    Schamanische Medizin 77
    Solider Hintergrund 80
    Meine Vision: Heilung mit Delfinen 82
    Manifestation 84
Deine Vision auf die Erde bringen 91
    Drachen und andere Hindernisse besiegen 96
    Der Sprung 103
Danksagung 112
Literatur 114
Über die Autorin und die Künstlerin 116
    Bildnachweis 120

🪷 Leben, gelinge!

In der Nacht werde ich von ihnen wach. Eine sternenklare Nacht, Tausende leuchtender Juwelen im samtig schwarzblauen Himmel, der Mond scheint. Dann: Ein tiefes Schnauben, Grunzen – gefolgt von einem gewaltigen Aufplatschen im Wasser. Die größten Säugetiere der Welt sind nicht zu überhören: die Wale, **koholas** auf Hawaiianisch. Zu dieser Jahreszeit bringen sie in der Bucht, nur ein paar Gehminuten von meinem Haus entfernt, ihre Jungen zur Welt.

Ich höre immer wieder in dieser Nacht dieses Stöhnen und Schnauben. Und dann wird es ruhiger. Ein neues Buckelwalbaby hat das Licht der Welt erblickt. Einschlafen kann ich nicht mehr; zu sehr berührt mich dieses Ereignis. Also lausche ich dem sanften Meeresrauschen, gehe in das Zimmer meiner Kinder, höre ihr ruhiges Ein- und Ausatmen. Ich erinnere mich an die Zeit, als ich meine Zwillinge zur Welt brachte, und denke darüber nach, wie es wohl dem neuen Walbaby und seiner Mutter in der Bucht geht.

Dann höre ich die ersten Vögel zwitschern. Zuerst ein zartes, vereinzeltes Fiepen und Piepsen. Die Vögel kündigen den Tag an; es ist immer noch dunkel, aber ich weiß, es wird jetzt bald hell. Binnen Kurzem sind es immer mehr Vogelstimmen, in allen Tonlagen, lauter werdend, ein ganzes Orchester – auf Hawaii brauche ich keinen Wecker. Ich mache mir einen Tee. Meine Mädchen werden auch allmählich wach. Wir ziehen uns an, ich fahre sie in die Schule. Was man halt so macht mit kleinen Kindern im Alltag in der Früh.

Tagsüber, wenn es hell ist und meine Töchter in der Schule sind, schreibe ich, begleite ich meine Gäste beim Delfinschwimmen in die Bucht und erledige Organisatorisches. Und wenn ich am Nachmittag meine Zwillinge wieder abhole, nutzen wir das Tageslicht, um noch ein paar Stunden ans Meer oder spazieren zu gehen. Heute gehen wir an den Strand, spielen und treffen Freunde.

Es wird spät, die Sonne neigt sich langsam dem Horizont zu. Wir sehen auf einmal einen Walrücken auftauchen, ein Stück weiter draußen im Meer. »Das ist die Walmama, die in der Nacht das Baby zur Welt gebracht hat«, erzähle ich meinen Kindern. Sie wollen alle Einzelheiten darüber hören, und so sprechen wir auf dem Rückweg darüber. Bis wir zu Hause sind, ist es bereits stockdunkel. Meine Kinder gähnen; ich auch. Bald ist wieder ein Tag vorüber.

Als ich in Österreich meinen Schulabschluss machte, hätte ich mir nie im Leben erträumt, dass mein Alltag einmal so aussehen würde. Ich hatte keine Ahnung, was mein Leben für mich bereithält, was meine Bestimmung ist. Ich wollte studieren, was mir dann auch erfolgreich gelang, aber das Warum hinterfragte ich zu der Zeit nicht; es war in meiner Herkunftsfamilie einfach so üblich. Zu studieren, ist natürlich eine gute Grundlage für das Leben; ich bin meinen Eltern dafür dankbar, dass ich die Möglichkeit dazu hatte.

Ich wollte Journalistin werden, weil ich innerlich von mir die Vorstellung entwickelt hatte, eine freie, erfolgreiche, moderne Frau zu sein. Es war aber ein vages Bild, und dabei orientierte ich mich stark an einer Mischung aus den Erwartungen meiner Eltern und meiner sozialen Herkunft sowie den Einflüssen aus TV, Filmen, Zeitschriften, Werbung usw. So hatte ich mir ein Konzept meines Selbst entwickelt.

So unzureichend wie ich werden wohl die meisten jungen Menschen auf ihr Leben, dieses großartige Abenteuer, vorbereitet. Wenn mich damals jemand gefragt hätte, wer ich wirklich bin, was ich wirklich will, warum ich hier auf Erden bin, was der Sinn meiner Existenz ist – ich hätte es nicht beantworten können.

Glücklich sind also jene jungen Menschen, die schon früh von ihren Eltern oder Lehrern auf diese Fragen vorbereitet und in die Auseinandersetzung damit geführt werden – etwas, wobei wir als Erwachsene die Jugendlichen unterstützen können. Auch jenen, die wie ich **nicht** in ihrer Jugend mit diesen Fragen konfrontiert wurden, sage ich: Das macht nichts, denn jeder Suchende gelangt früher oder später an den Punkt, sich darüber tiefe Gedanken zu machen. Und du bist eine Suchende bzw. ein Suchender, sonst würdest du nicht dieses Buch lesen.

Warum lebe ich?
Was will ich?
Wer bin ich wirklich?

Die essenziellen Fragen nach dem Sinn des Lebens: Früher oder später stellt sie sich jeder von uns. Manchmal ist es ein schicksalhaftes Ereignis, z. B. eine Erkrankung oder der Verlust eines geliebten Menschen, das unsere Auseinandersetzung mit diesen Fragen in Gang setzt; etwas, was uns den Boden unter den Füßen wegziehen und uns auch in eine Existenzkrise führen kann. Häufiger werden wir mit diesen Fragen aber gerade dann konfrontiert, wenn vermeintlich im Leben alles glatt läuft. Wir glauben, wir haben das eigene Dasein ziemlich gut im Griff, haben z. B. einen netten Freundeskreis, einen guten Beruf, vielleicht auch eine funktionierende Beziehung – doch plötzlich spüren wir eine dumpfe Leere in uns, und der Zweifel schlägt zu: »Will ich das überhaupt alles so?« Vorbeileben an der eigenen Existenz will natürlich keiner von uns, dafür ist unsere Lebenszeit zu wertvoll.

Vielleicht hast auch du den Eindruck, dass hinter dem Leben mehr steckt, als wir alltäglich wahrnehmen; das Verlangen nach etwas Höherem, etwas Noblem, einem Zweck. Oder du sehnst dich nach der Quelle oder Gott, nach etwas, was vollkommen und voller Liebe ist für alle Geschöpfe und das Universum. Du möchtest herausfinden, was hier in diesem Leben und auf diesem Planeten deine Aufgabe ist; was dein Talent, dein einzigartiges Geschenk an diese Welt ist.

Bei mir begann die Suche also mit der vagen Vorstellung, eine freie, erfolgreiche und moderne Frau sein zu wollen. Um das zu erreichen, studierte ich, war die Chefredakteurin der Uni-Zeitung, absolvierte eine Reihe von externen Praktika (im letzten Studienjahr sogar bei der Frauenzeitschrift »Cosmopolitan«) und schloss mein Studium mit Auszeichnung ab. Nach dem Studium bekam ich sofort einen Job bei der Frauenzeitschrift »marie claire«, und nach nur einem Jahr war ich dort bereits Redakteurin. Eine tolle Karriere lag vor mir, und anfangs machte es mir auch Freude; fürs Erste war es richtig so. Aber langfristig?

Dann, innerhalb von ein paar Jahren, passierte etwas Interessantes – zuerst schleichend, und nach einer Weile nicht mehr übersehbar: Ich stellte fest, dass ich nicht glücklich war. Ich war frei, erfolgreich und modern, dachte ich, aber war ich es wirklich?

Ich fing an, alles zu hinterfragen. Ich wurde krank, bekam massive Rücken- und Bandscheibenprobleme sowie psychische Probleme, die mir etwas sagen wollten. Mein Körper und meine Seele sprachen verzweifelt zu mir, dass ich nicht entsprechend meinem wahrhaftigen Lebens- und Seelenplan, meiner Bestimmung lebte. Und ich machte mich auf die Suche. So wie du jetzt.

In einer Lebens- und Gesundheitskrise, so wie ich sie damals durchlebte, bleibt einem oft nichts anderes übrig, als den eigenen Weg zu gehen – sonst wird man ernsthaft krank, es kann existenziell und durchaus auch lebensbedrohend werden. Es ist eine Zeit, in der man die eigenen Träume verwirklichen **muss.**

Anregung: Führe ein Tagebuch, während du dich auf deiner Suche nach deinem Lebenszweck befindest. Schreibe darin alles auf, was dich beschäftigt, bewegt: Gedanken, Wünsche, Befürchtungen, aufkommende oder wandelnde Ängste, Zweifel, Fragen, Erkenntnisse, deine Träume. Schreibe deine Fortschritte auf, male Bilder, sei kreativ! Deine Notizen und Bilder über das, was passiert, werden dir neue Einsichten zu deiner Bestimmung bringen. Und du wirst auch in zukünftigen Jahren gern einmal in deinem Tagebuch blättern, nachlesen.

Dein Leben von Morgen erschaffst allein du heute mit deinen Gedanken, Gefühlen und Taten.

Übung: Brief an dein zukünftiges Ich

Setze dich an einem ruhigen Ort hin, an dem du dich vollkommen frei fühlst von jeglichen Einflüssen und so sein kannst, wie du bist – etwa zu Hause oder in der Natur, in einem stillen Kaffeehaus oder in einem Park.

Schreibe nun einen Brief an dein zukünftiges Ich in zwei Jahren. Das ist der Zeitraum, der generell für diese schamanische Übung aus dem Bereich der Visionssuche (siehe »Visionssuche«, Seite 74) verwendet wird, da er sich bewährt hat. Du kannst dir aber den Zeitraum ganz nach deinem Gefühl aussuchen. Es ist sinnvoll, sich einen konkreten Zeitraum auszusuchen, damit der Brief an dein zukünftiges Ich ein klares Ziel hat.

Schreibe nun an dich, was du dir für dein zukünftiges Ich wünschst – wie es dir dann gehen soll, was du machen und wie du leben wirst. Verschriftliche einfach alles, halte fest, wie du dich vor deinem inneren Auge sehen möchtest. Nimm dir Zeit dafür, die inneren Bilder deines zukünftigen Selbst achtsam und aufmerksam wahrzunehmen; beschreibe dabei sowohl deine Gefühle, deinen Seelenzustand als auch deine alltägliche Welt.

Wenn du deinen Brief geschrieben hast, falte ihn, und gib ihn mit deinen Segenswünschen, die du dabei laut aussprichst, in einen Umschlag. Die können z. B. lauten: »Ich erfülle mir meine Lebensträume. Ich segne meinen Weg mit Glück, Liebe, Freude, Fülle und Gesundheit.« Schreibe deinen Vor- und Nachnamen auf den Brief.

Bewahre deinen Brief an einem schönen und besonderen Ort auf. Wenn du möchtest, kannst du ihn hin und wieder lesen, oder aber erst,

wenn seine Zeit gekommen ist. Erinnere dich an diesen Termin. Trage ihn in deinen Kalender ein, damit du den Brief an dein zukünftiges Ich dann auch tatsächlich hervorholen wirst. Es wird sehr schön sein, diesen Brief zu lesen und festzustellen, dass sich deine Lebensträume manifestiert haben!

GEHE DEINEN WEG

Der einzige Mensch, der **deine** Lebensaufgabe kennt, bist du selbst. Du allein kannst sie finden. Kein anderer Mensch kann sie dir sagen, auch ein Therapeut oder Guru nicht. Wenn du deinen Lebenstraum gefunden hast, stehst du gern jeden Tag aufs Neue auf. Du weißt dann, was du zu tun hast, und fühlst dich gut dabei. Deinen Lebenssinn wirst du **lieben.** Er mag auch mal eine große Herausforderung darstellen, aber du weißt, dass du genau diese angehen musst – denn dein Seelenplan ist das, was dich innerlich wachsen und deine Seele erglühen lässt. Dann kommst du bei dir selbst an.

Finde also die Vision deines Lebens: dein eigenes Lebensziel, deinen Lebensweg, deine Lebensaufgabe, deine Bestimmung. Gehe deinen Weg. Nur du kennst deinen Weg.

Dieses Buch wird dich darin unterstützen, deinen einzigartigen Seelenplan und deine Berufung mittels energetischer und schamanischer Techniken und Übungen zu entdecken und freizulegen, die Kernfragen für ein erfülltes Sein zu beantworten – für ein Leben, das dich einfach begeistert. Das Buch ist so aufgebaut, dass dir das auch in deinem Alltag (mit oder ohne Kinder) gelingen wird – mithilfe vieler kleiner Übungen und Rituale. Auf Basis der daraus gewonnenen Einsichten wird es dir dann möglich sein, die notwendigen Änderungen und Schritte hin zu einem glücklich machenden Lebensplan zu bewerkstelligen.

In jedem von uns wartet etwas darauf, erschaffen zu werden. Dieses Etwas ist der Mittelpunkt unseres Lebens, selbst wenn wir versuchen, es zu ignorieren oder kleinzureden. Oft wird es über Jahre, manchmal sogar

Jahrzehnte hinweg von unseren Ängsten, Konditionierungen, Schuldge-
fühlen oder unserer Unentschlossenheit verdeckt. Erst wenn wir beschlie-
ßen, alles aus dem Weg zu räumen, was nicht wirklich ein Teil von uns ist,
und wenn wir aufhören, an unseren Fähigkeiten zu zweifeln, dann können
wir die Aufgabe erfüllen, die uns bestimmt ist. Dann ist ein wirklich erfülltes und aufrichtiges Leben möglich.

Auf deiner Suche begleiten können dich auch mein Kartenset und meine
CD mit vier geführten Meditationen, die ebenfalls unter dem Titel
»Vision der Seele« im Schirner Verlag erschienen sind.

Übung: Lebenspfad

Gehe auf eine weite Fläche   im Park oder in der freien Natur   , wo du ungestört bist. Begib dich dort an einen Platz, der für dich die Gegenwart symbolisiert. Stehe schließlich ruhig da, und bitte darum, dass du den für dich guten und richtigen Weg durchs Leben findest. Visualisiere, wie dir dein Leben gelingt und du glücklich und zufrieden bist.

Nun mache dich auf den Weg. Gehe langsam, um genau nachzuspüren, wohin er dich führt. Nimm wahr, welche Bilder, Impulse und Gedanken du währenddessen erhältst. Lasse dir dafür Zeit. Ist dein Weg gerade, oder verläuft er auch manchmal kurvig? Halte inne, wenn dir danach ist. Wenn du eine Frage hast, stelle diese, und nimm wahr, welche Antworten in dir emporsteigen und wohin dich dein Weg weiterführen wird. Womöglich gehst du manchmal ein paar Schritte zurück, um dann einen neuen Weg einzuschlagen. Erlaube und gönne dir auch diesen Freiraum.

Visualisiere, wie du erfüllt in den Ausklang deines Lebens schreitest. Der Endpunkt des Weges dieser Übung ist nicht der Moment deines Todes, sondern er liegt einige Zeit davor. Du hast alles erlebt, was du erleben wolltest, aus dem Vollen geschöpft … Du bist gewachsen, hast sowohl aus Fehlern als auch aus positiven Erfahrungen dazugelernt … Du hast geliebt und bist geliebt worden. Du bist zufrieden und dankbar.

Gehe nun langsam wieder den Weg zurück, bis zu deinem Ausgangspunkt in der Gegenwart. Nimm beim Zurückgehen wahr, wie es dir in der Zukunft ergehen und welche Stationen es geben kann. Komme schließlich wieder am Anfangspunkt deiner inneren Reise an. Bedanke dich bei dir selbst und beim Leben. Willkommen auf deinem Lebensweg!

»Die zwei wichtigsten Tage deines Lebens sind der Tag, an dem du geboren wirst, und der Tag, an dem dir klar wird, warum.«

Mark Twain, 1835–1910

ERFÜLLT VOM LEBEN

An dieser Stelle möchte ich etwas über die Geschichte, den Lebensweg der Künstlerin erzählen, die das Covermotiv, viele Bilder, die dieses Buch bereichern, sowie alle Bilder unseres gemeinsamen Kartensets »Vision der Seele« malte. Ihre Bilder und die Energie, die von ihnen ausgeht, sollen dich inspirieren und darin unterstützen, dass auch du deinen Lebenstraum findest.

Als Francene Hart vor 16 Jahren mit dem Flugzeug auf Hawaii landete und ausstieg, hörte sie eine Stimme, die sagte: »Zu Hause.« Sie blickte sich um, und stellte fest, dass sie nicht von einem der anderen aussteigenden Fluggäste kam. Die Stimme war zu deutlich, und die Flughafengeräusche waren sehr laut. Und dann hörte sie nochmals die Stimme: »Zu Hause.«

»Normalerweise höre ich keine Stimmen«, sagt die Malerin, »sondern ich bekomme eher Visionen, Bilder.« Was ja auch naheliegend ist für eine Künstlerin. »Aber diese Stimme war so präsent, so deutlich. Und sie sagte, während ich ausstieg, noch mehrmals das Gleiche. Ich glaube, es war entweder mein höheres Selbst oder ein Spiritwesen von Hawaii.«

Damals war Francene auf eine Einladung hin, dort ein Malseminar zu leiten, nach Hawaii gereist. Sie hatte sich davor nie für die pazifische Inselgruppe interessiert, assoziierte damit hohe Hotels, Elvis-Filme und Hula-Girls. »Aber nach dem Seminar flog ich zurück zu meinem damaligen Zuhause, löste die Wohnung auf und zog drei Monate später nach Hawaii.«

Seitdem lebt sie mit ihrem Mann, einem Künstler, der Schmuck herstellt, in der wunderschönen Natur abseits von Touristen und malt spirituelle, inspirierende Bilder, das, was sie auf Hawaii sieht und wahrnimmt.

Und sie ist sich sicher: »Hier bleibe ich. Ich habe meinen Platz gefunden. Ich habe es nie bereut und bin erfüllt vom Leben.«

»Erfüllt vom Leben …« Genau darum geht es doch: jeden Tag das Gefühl zu haben, genau dort und genau so zu leben, wie es einem entspricht. Dass man nicht nur dahindümpelt und Pflichten erfüllt, lediglich eine Rolle spielt, sondern wirklich **lebt** – eben so, dass das Leben einen erfüllt, also voll ausfüllt.

Glücklich können sich jene schätzen, die wie die Malerin Francene derart deutliche Visionen für ein solches erfülltes Leben erhalten. Aber alle Menschen, auch wenn sie nicht gleich so klare Impulse erhalten in Form von Stimmen oder Visionen, bekommen Botschaften zu ihrer einzigartigen Bestimmung. Es geht nur darum, sie zuzulassen, wahrzunehmen und sich damit auseinanderzusetzen (siehe »Zeichen deuten«, Seite 51). Den eigenen Lebenszweck zu entdecken, der bei jedem ganz anders aussehen kann, ist, wie einen Schatz zu heben.

Und noch glücklicher sind jene, die sich trauen, diesen Zeichen auch zu vertrauen, als Boten ihrer Bestimmung, ihres einzigartigen Lebensplanes, und sie nicht einfach wegzurationalisieren oder zur Seite zu schieben, als wäre nichts gewesen. Den Seelenplan dann auch wirklich durchzuziehen – und durch Ängste vor dem Unbekannten hindurchzugehen, aus der bisherigen vermeintlichen Sicherheit und dem Pflichtbewusstsein auszusteigen, aus der Bequemlichkeit von vorhandenen Strukturen. Kurzum, den Sprung zu wagen.

Francene Hart ist mit ihrer Kunst erfolgreich, denn wenn jemand seiner Passion und Begeisterung folgt, wirkt das anziehend auf seine Umgebung. Francenes Bilder werden auf der ganzen Welt gekauft, sie zieren auch die Buchcover namhafter Autoren wie Deepak Chopra. Ihre Gemälde sind inspirierend, entspannend und können sogar heilsam wirken.

»Mein Bild ›Ka‹ hat schon viele Menschen inspiriert und, so wurde mir berichtet, wohl sogar mehreren Krebskranken zur Genesung verholfen. Beispielsweise erzählte mir eine Frau, dass sie jeden Tag für längere Zeit mit Blick auf das Bild meditiert habe und nach einigen Monaten geheilt gewesen sei.«

Der Bildname »Ka« lehnt sich an das althebräische Wort »Merkaba« an, das »Spirit« bedeutet. »Es soll beim Betrachter Lebensenergie und

Spirit vermitteln«, erklärt Francene. »Die darin integrierte geometrisch-physikalische Form des Torus, die wie ein Donut aussieht, bewegt Energie. Wenn man es betrachtet, wirkt es dreidimensional. Die Lotosblumen repräsentieren unser Potenzial, zu Erleuchtung zu gelangen, und die Farben des Regenbogens sind in all unseren Chakren und Energiezentren enthalten.«

Übung: Ka – Finde deinen Spirit

Auch du kannst das Bild »Ka« (siehe nächste Seite) nutzen, um dich mit deinem wahren, authentischen Selbst und deinem Lebenstraum zu verbinden.

Begib dich dafür an einen ruhigen Ort, setze dich hin, und betrachte dieses Bild mit der Absicht, dein wahres Wesen zu leben. Dazu kannst du am Anfang z. B. sagen: »Ich möchte mein wahres Selbst, meinen Lebenszweck leben«, oder: »Ich finde meine Bestimmung.«

Nimm dir 10–15 Minuten lang Zeit für diese Übung (stelle dir einen Wecker), und betrachte das Bild weder scharf noch fokussiert, sondern mit einem entspannten, unfokussierten Blick, durch den vor allem die Energie und heilige geometrische Form des Torus auf dich wirken kann. Nimm dabei wahr, welche Impulse, Gefühle und Bilder in dir aufsteigen. Bedanke dich am Ende der Übung innerlich bei dir selbst und dem Bild, und schreibe in deinem Tagebuch deine Eindrücke auf.

 Dein Glück ist deine oberste Priorität

Das, was dir Freude macht, weist dir deinen Weg durchs Leben. Was dich begeistert, führt dich zu deiner Bestimmung. Wenn du das machst, was dich glücklich stimmt, dann gibt es kein Gestern und kein Morgen mehr, du lebst erfüllt. Die Aufmerksamkeit ist voll und ganz auf das Erleben im Moment gerichtet. Wirklich zu leben, jeden Moment mit allen Sinnen und in vollem Bewusstsein zu genießen, ist deshalb das Ziel so vieler spiritueller Praktiken für Dasein und Präsenz. Du gehst vollkommen in dem, was du tust, auf. Sei es, zu schreiben, zu malen, zu tanzen oder dich weiterzubilden: Es ist das, was dich zutiefst im Herzen interessiert, inspiriert, begeistert und deine Seele erglühen lässt.

Zu leben –
genau dafür ist das Leben da!

Dein Leben ist ein Geschenk, ein Spielzeug des Himmels für dich – auf dass du mit zauberhaften Möglichkeiten und Überraschungen vergnügt spielen mögest. Das Universum ist freundlich und unterstützt dich, wenn du dich ihm öffnest. Tritt ein in diesen Garten der Wonne. Öffne dein Herz in Vorfreude, erwarte bezaubernde Erlebnisse – immer und überall.

Dein Sein ist dazu gedacht, dir Freude zu bereiten, dir Spaß zu machen. Erinnere dich daran, dass alles – wie in deiner Kindheit – ein Spiel ist. Heute, wie damals: **Habe Spaß, genieße das Leben, und begegne ihm mit Humor.**

Beobachte, ob du dich in deinem Alltag, z. B. bei der Arbeit, erfüllt fühlst. Nichts macht einen Menschen stumpfer und unglücklicher, als Tag für Tag etwas zu tun oder zu leben, was nicht zu ihm passt. Wenn man seine Lebensaufgabe, seinen Daseinszweck nicht auslebt, entsteht großes Leid. Und man spürt es. Zu wissen, dass man kein erfülltes Leben führt, verursacht unbeschreibliche Schmerzen. Man erwacht dann jeden Morgen mit dem Gedanken: »Oh nein, was soll ich mit diesem Tag anfangen?« Monat für Monat, Jahr für Jahr.

Sei ehrlich mit dir selbst: Stehst du gern in der Früh auf? Lebst du wahrhaftig, lebst du dein wahres Selbst? Oder hast du deine Lebenslust verloren? Siehst du dich womöglich selbst an wie einen Fremden, oder fühlst du dich fremdgesteuert? Auch wenn deine Erkenntnisse vielleicht nicht angenehm sein werden, so werden sie dich doch darin unterstützen, deinen wahren Lebenssinn, also das, was dich glücklich macht, zu finden.

Natürlich will jeder seine Vision finden, seine einzigartige Lebensbestimmung, die ihn erfüllt – und als der leben, der zu sein er gedacht ist. Aber oft weiß man weder, wie das geht, noch, was der eigene Seelenzweck ist.

Der erste Schritt, seinen Lebenstraum zu erkennen, ist, sich zuzugestehen, glücklich leben zu dürfen. Das ist für viele Menschen – aufgrund ihrer Erziehung und Vergangenheit, die sich oftmals auf Leistung, Pflichterfüllung und finanzielle Sicherheit konzentriert – immer noch nicht selbstverständlich. Dabei ist es möglich, all das unter einen Hut zu bringen – denn gerade dann, wenn man glücklich lebt, ist man erfolgreich (siehe »Spirituelle Gesetze«, Seite 35).

Du darfst glücklich sein und deine einzigartige Bestimmung finden!

Affirmation zum Glücklichsein

Die folgende Affirmation kannst du dir regelmäßig im Stillen oder laut vorlesen, um dich in deinem Vorhaben, ein glücklicher Mensch zu werden, zu stärken:

Mein Glücklichsein ist mir hinsichtlich meiner Berufung das Allerwichtigste überhaupt, und es hat die oberste Priorität in meinem Leben. Letzten Endes kann nur ich mich darum kümmern! Ich lebe meinen Traum und nicht den der anderen. Dabei vertraue ich mir selbst, meiner Intuition und Wahrnehmung und bin mir mein bester Freund. Ich mag mich so, wie ich bin, mit allem, was zu mir dazugehört. Ich investiere mein Geld in mein Glück, Wohlbefinden und meine Gesundheit. Mein Glück finde ich in mir, und ich nehme mir Zeit für meine Suche. Ich folge meinem Herzen und bin mir selbst treu.

Mein Leben ist einfach: einfach so, dass es mich erfreut. Ich richte meine Aufmerksamkeit auf das Positive und lasse das Negative los. Ich lasse die Vergangenheit ruhen und lebe in der Gegenwart. Ich umgebe mich mit Menschen, die mich schätzen, mögen und mich begeistern. Und ich lache, aus dem Bauch heraus, einfach so, ohne Grund. Das tut einfach gut!

Anregung: Diese Affirmation kannst du um eigene Worte ergänzen oder auch ganz neu formulieren.

SEI NEUGIERIG

In der Zeit, als ich bemerkte, dass mich trotz allen Erfolges meine Arbeit als Redakteurin bei einer Frauenzeitschrift nicht mehr glücklich machte, hatte ich keine Ahnung, wie mein Seelenplan aussehen, was mich wirklich tief erfüllen und glücklich machen könnte. Es gab einfach so vieles, was ich gern machen wollte, dass ich gar nicht wusste, womit ich anfangen sollte. Also erstellte ich mir eine Liste und probierte über Monate, Jahre hinweg alles darauf aus: von Reisen über Kochen bis hin zu den verschiedensten Tätigkeiten.

Wenn du also noch nicht weißt, was dein Lebenssinn ist, und wenn du wirklich herausfinden willst, was dich glücklich macht und erfüllt, wirst du deinen Seelensinn unweigerlich finden! Vielleicht hast du viele Interessen, aber du hinderst dich selbst daran, ihnen nachzugehen, weil ein alter Glaubenssatz in dir sagt, du dürftest dich nur auf **eine** Sache konzentrieren? Gib dir die Erlaubnis, jeder deiner Sehnsüchte nachzugehen. Nur so kannst du dich selbst kennenlernen und feststellen: »Wer bin ich wirklich? Und was bereitet mir echte Freude?« Manches wird sich dann als fixe Idee erweisen, die sich in der Realität ganz anders darstellt … Was auch immer wirklich zu dir gehört und was, nachdem du es ausprobiert hast, einfach wegfällt, weil es doch nicht deines ist – du wirst es nur durch Versuchen herausfinden.

Hast du den Drang, etwas Neues zu machen? Gib dir den Raum dafür. Du bist auch hinsichtlich deines Berufs nicht ein Leben lang festgelegt – es ist nur natürlich, dass sich deine Interessen und deine Vision im Laufe des Lebens ändern; es ist sogar sehr wahrscheinlich. (In der schamanischen Kultur der australischen Aborigines etwa ist es ganz normal, dass ein Mensch mehrmals in seinem Leben seine Arbeit und Ausrichtung ändert.) Ohne Veränderung würde es langweilig werden, und wir Menschen wollen uns weiterentwickeln, wachsen und Neues dazulernen. Was also gestern für dich immens wichtig und ein Antrieb für dich war, mag heute schon nicht mehr diese Rolle spielen – und das ist auch so gedacht. Wir ändern uns ständig und sind bereit für die nächste Erfahrung, für die nächste Stufe unserer Entwicklung.

Besuche also Kurse zu Themen, die dich interessieren, womöglich auch solche in ganz anderen Bereichen als jene, die dir bislang vertraut sind. Sprich mit Menschen aus einer Branche, die dich interessiert. Absolviere ein Praktikum. Und wenn es sich richtig anfühlt, lasse das Alte los, und gehe ins Neue.

Deine Freude, dein innerer Drang und deine Interessen weisen dir den Weg zu deiner Bestimmung. Wenn du das machst, was dir Spaß macht und dich mit Neugierde erfüllt, wirst du ganz von selbst vom Leben zum nächsten Schritt geführt werden und etwa ein bestimmtes Buch lesen, an einem Kurs teilnehmen oder auch im Gebiet deiner Bestimmung tätig werden.

Übung: Neues

Fertige dir eine Liste an, in der du all das festhältst, was du in deinem Leben erleben, erfahren und ausprobieren möchtest: etwa in bestimmte Länder oder Gegenden reisen, einen Sport ausüben, etwas Bestimmtes unternehmen oder auch eine Sache erwerben. Erlaube dir, wirklich alles, wovon du immer schon einmal geträumt hast, auf diese Aufstellung zu setzen.

Und dann probiere alles auf dieser Liste aus. Nicht irgendwann, nicht nächstes Jahr – sondern fange **diese Woche** damit an. Mache es zu einem fixen Bestandteil deines Lebens, nach und nach alles aus deiner Liste auszuprobieren. Trage dir entsprechende Termine in deinen Kalender ein. Führe über deine Erfahrungen Tagebuch, und erlebe, dass du immer lebendiger wirst, immer mehr aufblühst – weil du dem Weg deiner wahren Bestimmung folgst.

NUR MUT!

Ich will dir an dieser Stelle etwas verraten: Wenn du deinem Herzen folgst und dich auf das Abenteuer Leben einlässt, gibt es keine Garantie dafür, dass es nur schön sein wird. Du wirst dabei herausfinden, was dich erfreut, was du gut kannst – und was nicht. Manches wird großartig sein – und manches nicht. Das ist, was man das Abenteuer Leben nennt. Dabei wirst du dich sehr lebendig fühlen, Erfahrungen sammeln, dich selbst besser kennenlernen und innerlich reich werden.

Wenn du eines Tages stirbst, kannst du sowieso deinen materiellen Wohlstand nicht mitnehmen – wohl aber in deiner Seele deinen inneren Reichtum und das Wissen, dass du dein Leben in der Fülle gelebt hast. Es sind die schönen Augenblicke, die unser Dasein erfüllend machen. Die Yaqui-Indianer bringen es mit der Frage, die sie sich selbst vor Entscheidungen stellen, auf den Punkt: »Was soll ich jetzt tun, in dem Wissen, dass ich sowieso sterbe?« Warum probierst du also etwas nicht einfach aus, wenn es dich interessiert?

Das Leben ist ein Abenteuer, das erforscht werden will. Manchmal aber sitzen in unserem Kopf immer noch Mama und/oder Papa, die ständig Gefahr wittern. Ihre Ängste fesseln uns – auch heute noch. Vieles oder manches, was uns in unserer Kindheit und Jugend Spaß machte, war in ihren Augen gefährlich: »Klettere nicht dort hinauf, das ist gefährlich, du könntest fallen!« – »Iss nicht zu viel Eis, dir könnte schlecht werden!« – Später: »Fahre nicht in der Dunkelheit mit dem Fahrrad, das ist gefährlich, jemand könnte dich nicht sehen!« – »Warum willst du nach Südamerika reisen? Das ist gefährlich, du könntest überfallen werden. Fahre doch lieber nach Mallorca oder Italien.« – »Warum willst du diesen unsicheren Beruf erlernen? Ergreife doch lieber den Beruf deines Vaters, der ist bodenständig und sicher.«

Die Ratschläge unserer Eltern sind gut gemeint, hindern uns aber häufig daran, unser Lebensglück zu finden bzw. zu leben. Oft ist es nur ein einziger Satz wie: »Das ist gefährlich.« Vieles, was Spaß macht, scheint dann gefährlich zu sein. Und so hast du dir möglicherweise als Konsequenz daraus ein vermeintlich sicheres, monotones und stumpfes Leben eingerichtet.

Auch in der Schule, in der Ausbildung oder im Studium werden wir nicht darin ausgebildet, wie wir zu einem glücklichen und erfüllten Menschen werden, der seine Bestimmung lebt; das bleibt uns selbst überlassen. Die herkömmliche Gesellschaft ist nicht auf die Erfüllung des persönlichen Glücks ausgerichtet, sondern auf die Erfüllung des Bruttosozialproduktes, die Erschaffung von Arbeitsplätzen und sozialer Sicherheit. Das ist prinzipiell in Ordnung – aber es gibt noch so viel mehr im Leben, und deshalb ist es auch ein politischer Beitrag, wenn jeder seinen wahren Lebenszweck findet und lebt; dann gäbe es weniger Arbeitslose und die Menschen wüssten, wohin sie ihre Energien lenken wollen. Wenn du deine Bestimmung gefunden hast, ist Arbeit nicht mehr Arbeit, sondern erfülltes Leben!

Finde also heraus, welche Erlebnisse aus deiner Vergangenheit, vielleicht aus deiner Kindheit, dich an einem Leben voller Sinn hindern, und löse sie auf.

Übung: Ängste auflösen

Lege dich an einem ruhigen Ort hin, und schließe deine Augen. Atme tief ein und aus, entspanne dich. Sage nun, laut oder leise – so, wie es für dich mehr Kraft hat –, deinen Namen. Und bekunde dann, dass du erkennen möchtest, wie deine Angst vor dem Neuen und Unbekannten entstanden ist, und dass du sie auflösen möchtest.

Betrachte dich so vor deinem inneren Auge, wie du jetzt in deinem Leben bist. Gehe nun rückwärts in der Zeit, nicht zu langsam und in einem Tempo, das für dich passt, bis du in der Zeit ankommst, in der deine Angst geprägt wurde. Betrachte in aller Ruhe die Vorkommnisse von damals: Was geschah einst, wer sagte etwas Bestimmtes, was dich verängstigte?

Erkenne dabei, dass es die Angst oder die Sorge der anderen Person (oder Personen) ist, und betrachte sie voller Mitgefühl. Mit diesem Wissen, dass es nicht deine Angst ist, sondern die des oder der anderen, hole nun tief Luft, und atme diese Angst aus deinem Körper hinaus. Zehn Mal. Sage danach: »Das war nicht meine Angst. Ich lebe jetzt mein Leben, so, wie es mich erfreut und mir Spaß macht. Ich bin neugierig und mutig.«

Nimm dir für diese Übung so viel Zeit, wie du brauchst. Komme schließlich aus dem Zeitabschnitt, in dem du die Angst aufgelöst hast, in die Gegenwart zurück, indem du vor deinem inneren Auge wieder so lange vorwärtsgehst, bis du in der Gegenwart angekommen bist. Öffne danach langsam deine Augen, und komme zurück ins Hier und Jetzt.

Anregung: Mache diese Übung immer dann, wenn du das Gefühl hast, du bräuchtest mehr Mut für Neues. Bei deiner Ganzwerdung können dich mein Buch, meine CD und mein Kartenset »Seelen-Medizin« (alle erschienen im Schirner Verlag) unterstützen.

SPIRITUELLE GESETZE

Als ich mich auf meinen Weg begab, wusste ich nicht, dass ich eines Tages mit frei lebenden Delfinen und Walen arbeiten würde; ich merkte einfach, dass es mich glücklich macht, in ihrer Gegenwart zu sein. Was ich seinerzeit sehr wohl spürte, war, dass ich etwas anderes machen möchte als meine damalige Arbeit – aber ich wusste noch nicht, was. Und so ging ich Schritt für Schritt einfach dem nach, was mich anzog, mich erfüllte, und vertraute darauf, dass sich mein Lebensplan und mein Lebenssinn entsprechend entwickeln würden. Schon damals beschloss ich: Mein Leben sollte mich glücklich machen und mich erfüllen.

Anschließend verfolgte ich intuitiv genau jenen Weg, der sich auch gemäß spiritueller Praktiken und Traditionen als der richtige herausgestellt hätte: »Mache Dinge, die dich glücklich machen, und du wirst mehr davon in dein Leben ziehen.« Glück, Freude und Liebe haben energetisch betrachtet nun einmal die höchsten Schwingungen überhaupt.

Eine klare Absicht – wie eben mein Entschluss, dass ich glücklich leben möchte – wirkt »magnetisch«, denn Energie fließt dorthin, wohin die Aufmerksamkeit geht. Das lehrt nicht nur seit Zehntausenden von Jahren der Schamanismus – es ist etwa im hawaiianischen Huna eines der sieben Prinzipien –, sondern es wird auch von der modernen Quantenphysik bestätigt.

Konzentriere dich auf Glück, und du wirst mehr davon in deinem Leben haben; grüble über Krankheit und Unglück, und auch das wird sich dadurch vermehren. Fokussiere dich also auf deine Wünsche und Ziele, und es wird dir gelingen, sie zu erreichen!

Glück ist dabei mehr als nur ein Gefühl; es ist ein realer physischer Zustand deines Herzens und Körpers. Dein Körper erzeugt ein elektromagnetisches Feld, das in die Umgebung abstrahlt. Dies wurde im Rahmen einer Studie der Universität Princeton (USA) vor über 20 Jahren festgestellt. Das Herz ist zudem das Organ des Menschen, das von allen Organen am stärksten strahlt. Darüber hinaus wird die Kraft dieser Strahlung bei zunehmender Entfernung nicht – wie sonst bei derartigen Feldern – geringer. Es wurde außerdem beobachtet, dass die Felder bei Menschen, die glücklich und voller Liebe waren, nicht nur doppelt, sondern sechsmal so stark waren wie bei denjenigen, die nicht liebten und keine Freude empfanden.

Das bedeutet, dass Liebe und Glücklichsein nicht nur innere Gefühle, sondern nachweisbare Kräfte sind, die wir ausstrahlen und mit denen wir die Welt beeinflussen. Du kannst dich dafür entscheiden, diese Kraft in deinem Herzen, in deinem Geist und in deiner Seele zu stärken und über das Feld nach außen zu senden. So vermehrst du das Glück, sowohl in deinem Leben als auch im Leben anderer. Folge deiner Freude und deinem Glück dann tun sich Türen auf, wo du keine erwartet hast. Wenn du ihnen folgst, wird die Zeit dafür sorgen, dass du deine Bestimmung erfüllst. Das Glück liegt in deiner Reise zu deinem wahren Ich und in der Erschaffung deines eigenen Lebens. Gehe deinen Herzensweg.

Ich liebe das Leben –
und das Leben liebt mich!

Übung: Glück

Begib dich in eine natürliche Umgebung, etwa in einen Garten, Park, Wald oder auf eine Wiese. Setze oder stelle dich an einen Platz, der dir gefällt. Sage laut oder leise deinen Namen – für die Spirits und Engel, für das Große Geheimnis und die Natur. Dann erzähle ihnen, worüber du in deinem Leben glücklich bist. Teile ihnen einfach alles mit, was dich erfüllt. Du wirst staunen, wie viel das ist! Lasse am Ende ein kleines Zeichen der Wertschätzung zurück, z. B. eine Blume, etwas Obst, oder singe vielleicht ein Lied.

Durch diese einfache, aber so wirksame und kraftvolle Übung der Wertschätzung vermehrst du das Glück in deinem Leben, denn die Energie folgt der Aufmerksamkeit.

HERZENSWEG

Als ich anfing, meinem Herzen zu folgen, ging ich häufig auf Reisen. Am Meer war ich immer besonders gern – und dort trifft man früher oder später unweigerlich auf Delfine. Zuerst ein schimmernder Rücken in der Ferne, ein Sprung in die Luft. Immer wieder erlebte ich, dass sie wie aus dem Nichts auftauchten. **Sie waren da,** alles andere spielte keine Rolle mehr für mich, mein Herz freute sich.

Ich sah sie immer wieder, mit der Zeit immer öfter, schließlich sogar in meinen Nachtträumen. Sie sangen Lieder für mich, schwammen mit mir, wiegten mich. Ich erkannte die Zeichen, die mir das Leben mit den Delfinen schenkte – und bald reiste ich nur ihretwegen an die verschiedensten Orte: die kanarischen Inseln, Australien, Hawaii, die Karibik, Mittelamerika (siehe »Zeichen deuten«, Seite 51). Sie halfen mir, heil zu werden. Wenn ich in ihrer Nähe war, verschwanden meine Rückenschmerzen; und auch meine emotionalen und seelischen Schmerzen wurden mit jedem Mal weniger.

Im Wasser kamen sie mir immer näher. Anfangs war ich scheu – und sie blieben mir ein Stück fern. Delfine sind empathisch. So weit, wie sich ein Mensch für eine Begegnung mit ihnen öffnet, so nahe kommen sie ihm. Und so weit, wie der Mensch den Zauber des Unerklärlichen, des Wortlosen, das Mysterium des Lebens zulässt, so weit geschehen ihm auch zauberhafte Begegnungen. Mit der Zeit fasste ich immer mehr Vertrauen, und die Delfine kamen mir immer näher – und auch ich selbst kam mir immer näher.

Irgendwann berührten sie mich sogar. Es passierte genau wie in einem Traum, den ich ein paar Tage zuvor durchlebt hatte. Ich schnorchelte im kristallklaren, warmen Wasser der Bahamas. Um mich und meine Begleiter herum war mit einem Mal eine Gruppe von zehn Delfinen. Ich hielt die Luft an, tauchte unter, drehte mich – so, wie sie gern schwimmen und spielen. Zwei kamen, und sie drehten sich mit mir und um mich herum. Gemeinsam bildeten wir eine Spirale, die immer wieder hinuntertauchte, auftauchte, hinuntertauchte. Und dann berührten sie mich, streiften beim Drehen immer wieder sanft an meinem Arm, meinem Rücken entlang – genau so, wie sie sich untereinander immer wieder sanft und liebevoll berühren, streifen. Es war für mich der wunderschönste, zärtlichste Austausch von Energien. Mein Herz strahlte. Sie steckten mich mit ihrer Lebensfreude an, mit ihrer Fröhlichkeit, Verspieltheit und ihrer Art, scheinbar mühelos im Wasser dahinzugleiten. Mein Herz hüpfte vor Freude, wie ich sie so sah.

Trotzdem wusste ich zu diesem Zeitpunkt immer noch nicht, dass ich einmal mit Delfinen arbeiten und Menschen bei der Begegnung mit ihnen begleiten würde. Ich folgte einfach meinem Herzensweg, der mich glücklich machte – und der mich schließlich zu meiner Lebensvision führte.

Übung: Meine Bestimmung

Lege dich an einem friedvollen, ungestörten Ort hin. Schließe deine Augen. Atme tief ein und aus; komme zur Ruhe. In deinem Körper, in deiner Seele gibt es den Ort deiner Bestimmung, an dem du deinen Seelenplan findest. Fühle spontan und intuitiv, wo dieser Ort ist, und lege deine Hand dorthin. Liegt er etwa in deinem Herzen? Oder in deinem Dritten Auge? Du allein weißt, wo du alle Informationen zu deinem einzigartigen Seelenweg finden kannst.

Stelle dir nun vor, dass du winzig klein wirst und zu diesem Ort in deinem Körper und deiner Seele reist. Nimm wahr, wie es dort aussieht, wie es sich anfühlt. Ist es dort wie in der Natur oder eher wie in der Stadt? Gibt es dort auch andere Menschen? Und was machst du dort?

Erlebe, was da geschieht und wie es sich für dich anfühlt. Sei offen für Bilder und Impulse, die dir neu sind. Du kannst an dem Ort deiner Bestimmung auch Fragen stellen, zu jedem Thema deines Lebens, das dich beschäftigt. Höre, sieh, fühle die Antworten.

Nimm dir dafür so viel Zeit, wie du möchtest. Verlasse schließlich den Ort deines Seelenplans, und werde wieder groß. Bedanke dich bei dir selbst, strecke dich. Komme in deiner Zeit wieder in der Gegenwart an, und öffne dann deine Augen.

Ich gehe stets den
Weg meines Herzens.

Vision der Seele

Eine Vision ist etwas, was dich begeistert, dich zutiefst anspricht, interessiert und motiviert. Wenn dir darüber hinaus klar ist, was deine einzigartigen Stärken und Talente sind, und wenn diese auch in deinem Lebensplan enthalten sind, dann entspricht deine Vision deiner höheren Lebensaufgabe. Diese geht weit über die persönliche Identität, die Ego-Identität, hinaus und stellt deine höhere Berufung dar.

Du bist mächtig. Jeden Tag denkst du ca. 50 000 Gedanken. Du hast die Macht, die Tür zu deiner Vision zu öffnen oder zu verschließen, dich zu stärken oder zu schwächen. Werde dir immer wieder bewusst, welche Gedanken und Bilder dir im Laufe eines Tages durch den Kopf gehen. Wähle positive Gedanken – für eine Vision, die dich stärkt und erfüllt. Was also ist es, was dein Herz vor Begeisterung höherschlagen lässt? Was ist es, was du schon immer machen, erleben, umsetzen wolltest? Und welche Qualitäten sind es, die es dir konkret ermöglichen, deine Vision zu verwirklichen? Möglicherweise musst du dafür eine neue Fähigkeit erlernen. Lasse es zu! Deine Vision weist dir den Weg durch dein Leben und erfüllt dich.

Übung: Vision

Lege dich entspannt hin, und schließe die Augen. Rufe nun dein Krafttier herbei. Es hält sich wie ein unsichtbarer guter Freund immer in deiner Nähe auf. Krafttiere sind ein Teil von uns und geben uns Zeichen. Sie stärken die instinktiven, elementaren Seiten in uns.

Wenn dein Krafttier, das jede Art von Tier sein kann, gekommen ist, begrüße es. Sieh dir nun mit seiner Unterstützung von Anfang an deine Lebensgeschichte an, und nimm wahr, wofür du in deinem Leben eine Leidenschaft hast. Was erfüllt dich mit Freude, wenn du nur daran denkst? Musik zu machen, zu malen, zu reisen? Was auch immer es ist, dein Krafttier hilft dir dabei, es zu erkennen.

Betrachte dann in deiner Lebensgeschichte, was du gut kannst, was deine einzigartigen Stärken und Talente sind. Dein Krafttier ist immer an deiner Seite, um dir Hinweise zu geben. Stelle ihm alle Fragen, die du ihm stellen möchtest. Bitte dein Krafttier als Nächstes darum, deine Begeisterung und Leidenschaften mit deinen Fähigkeiten zu kombinieren. Dann wird sich herauskristallisieren, was deine Lebensvision ist. Sei offen für Überraschungen.

Frage dein Krafttier auch, ob du für es etwas tun kannst, ob es etwas von dir braucht. Genieße eure Begegnung, und lade dich mit der Energie deines Krafttieres auf. Bedanke dich am Ende bei deinem Krafttier. Strecke dich, öffne langsam die Augen, und komme wieder im Alltag an.

Denke immer an die Fähigkeiten,
die du hast, und zögere nicht,
von ihnen Gebrauch zu machen.

NATÜRLICH SEIN

Auf meiner Suche nach dem tieferen Sinn meines Lebens wurde mir bald bewusst, dass Nähe zur Natur mir immens guttat. Wenn ich verwirrt war, ging ich in die Natur und konnte wieder klar fühlen und denken. Wenn ich am Verzweifeln war, ging ich in die Natur und entspannte mich, denn ich erkannte wieder einen Weg. Egal, in welchem Zustand ich mich befand, ob negativ oder positiv, Natur tat mir gut. Alles wurde reduziert und klar; das Leben einfach, schlicht und schön – so, wie es eben im Grunde genommen ist. Ich gewann das Gefühl, dass sich in der Natur der Saft des Lebens befindet; und in der Tat ist es so.

Es war nicht verwunderlich, dass ich im Zuge meiner Reisen irgendwann auf den Schamanismus stieß. Schamanische Traditionen finden sich überall auf der Welt, auf allen Kontinenten. Er ist die älteste Heilform der Menschheit sowie der älteste Ausdruck einer menschlichen Spiritualität, eines Lebens im Einklang mit der Natur.

Im Rhythmus der Natur zu leben, erinnert uns Menschen daran, dass auch wir Natur sind. Wie unser Körper von Blutbahnen durchzogen ist und Organe und Zellen hat, so sind z. B. die Blutbahnen der Erde etwa ihre Flüsse, die Organe ihre Mineralansammlungen und ihre Zellen die Menschen und Lebewesen darauf. Wenn wir uns so als Teil der Natur verstehen, es auch fühlen und wir im Rhythmus der Erde leben, fließt auch unser Leben in Verbundenheit und Harmonie mit der Schöpfung. Das zu erleben, geht überall auf der Erde, denn überall gibt es Natur.

Ich probierte einige schamanische Techniken wie das Baumritual (siehe »Übung: Baum des Lebens«, Seite 62) oder die Medizinwanderung (siehe »Übung: Auf Medizinwanderung gehen«, Seite 58) aus und bemerkte sofort: Es funktioniert! Die Natur spricht, ein Stein und ein Baum können erzählen. Und Geistwesen sind wirklich seit Äonen da, um uns Menschen zu helfen. Sie warten nur darauf, mit uns in Kontakt zu treten und zu kommunizieren; zu lange waren sie arbeitslos. Ich verstand endlich meine Begegnungen mit Waldgeistern und Engeln, die ich als Kind gehabt hatte, und dass diese eben keine Einbildung meiner sogenannten blühenden Fantasie gewesen waren – entgegen den Erklärungen meiner Umgebung.

Schamanische Techniken sind kein theoretisches Wissen, sondern praktische Anwendung – ich erlebte hautnah und pragmatisch, dass alles beseelt ist. Gleichzeitig setzte es meinen Herzensweg – der zum Teil irrational war und nicht dem entsprach, wie ich erzogen wurde – in einen Kontext, den ich verstehen konnte; so ergab nun das, was ich tat, rational erklärbar Sinn. Mein Weg wurde klar, ich erkannte nach einiger Zeit meine Lebensaufgaben. Es funktionierte wirklich, und ich hatte Spaß und Freude am Sein. Meine Seele blühte auf. Und diese Resultate waren es, die mich bis zum heutigen Tag überzeugen.

ÜBER DEN SCHAMANISMUS

Den Schamanismus gibt es überall auf der Welt. Schamanische Praktiken werden seit ca. 45 000 Jahren mündlich überliefert und zählen zu den ältesten existierenden Lebensweisen und Heilungsformen. Sie haben sich aus den Gesetzmäßigkeiten der Natur heraus entwickelt und werden von allen indigenen Kulturen praktiziert, um im Gleichgewicht mit der Natur zu leben, als deren Teil sie sich verstehen.

Seien es die indianischen Stämme in Amerika, afrikanische Völker wie die Dogon, die Yoruba und die San, die australischen Aborigines, die Ureinwohner Sibiriens und der Mongolei oder die Inuit – sie alle kennen ähnliche Praktiken und Rituale. Mittels dieser verbinden sie sich mit der Energie hinter allem, was ist, mit der Urkraft des Universums, das alles Leben bestehen lässt – um zu heilen und in Harmonie mit dem Dasein zu leben. Auch in Europa finden sich alte Wurzeln des Schamanismus, doch der Großteil unseres alten Wissens ging infolge der Inquisition verloren. Da das schamanische Wissen sich aus einer universell anwendbaren Wahrheit heraus entwickelt hat, können wir Menschen des Westens die Verbindung wiederherstellen, wenn wir uns diesem universellen und natürlichen Wissen, das in unserem Zellgedächtnis enthalten ist, öffnen.

Die WHO (Weltgesundheitsorganisation) erkannte 1980 offiziell an, dass die schamanischen Lebensweisen und Heilungsmethoden wirksam sind in der Unterstützung eines gesunden und ausgeglichenen Gesamtzustands des Menschen. Schamanische Praktiken und Bräuche sind ein Weg hin zu dem, was sich jeder auf dieser Welt wünscht: Liebe, Gesundheit, Lebenssinn, Freiheit und Glück im Hier und Jetzt. Sie sind ein Pfad zu uns selbst, eingebettet in die Natur, die Welt und das Universum, und verbinden alles mit allem. Es gibt im Schamanismus keinen Guru oder Priester, der die einzige Brücke zu Gott darstellt und als Einziger mit ihm kommunizieren kann, denn mit den richtigen »Werkzeugen« ist jeder dazu befähigt, mit der Energie hinter allem, was ist, in Kontakt zu treten. Es stärkt das Vertrauen, dass alle Antworten in uns selbst liegen und wir alle mit allem verbunden sind.

In indigenen Kulturen wird schon früh im Leben eines Menschen mit Initiationszeremonien gearbeitet – und diese begleiten sein ganzes Leben mit zahlreichen weiteren Ritualen. Die verwendeten Methoden sind leicht zu verstehen, jeder kann sie anwenden. Zu den häufigsten zählen: Phasen der Visionssuche und Übergangsriten für alle Altersgruppen; die Arbeit mit den Vorfahren; die Arbeit mit einem Medizinrad; der Trancezustand, der durch Trommeln oder andere Geräusche, durch Tanz oder bestimmte Körperhaltungen ausgelöst wird; die Kommunikation mit Krafttieren; die Arbeit mit Träumen; die Entfernung oder Extraktion einer Krankheitsquelle und die Seelenrückholungsarbeit.

Der Schamanismus betrachtet dabei das sichtbare, physische Leben als eine Spiegelung der Unsichtbaren Welt. Wenn man sich im seelischen Gleichgewicht und im Gleichgewicht mit der Energie hinter allem, was ist, befindet, lebt man auch in der Realität in einem harmonischen und kraftvollen Zustand.

Die Schöpfung ist magisch und mystisch, und wir sind ein Teil davon. Nichts ist so nährend und befriedigend wie das Gefühl, in das Leben und alle seine Wunder eingebettet zu sein, damit verbunden zu sein und auf den natürlichen Fluss der Dinge zu vertrauen. Dann kann man seinen eigenen, einzigartigen Platz im Leben finden. Man begreift, dass man ein

Teil der Geistwelt ist. Alle Geschöpfe – ob Mensch oder Spirit – haben eine Seele, sind Bewusstsein. Unser Planet ist ein Lebewesen mit einem eigenen Bewusstsein, und wir Menschen gehören dazu. Wir können direkt mit der Erde kommunizieren und mit ihr zum Wohle der Gesamtheit zusammenarbeiten.

Die Erde ist wunderschön, und sie gibt uns Nahrung, Kleidung und eine Wohnung. Sie ist unser Zuhause. Denke daran, dich auch selbst um deinen Planeten zu kümmern. Das gelingt dir auf ganz natürliche Weise, wenn du dich selbst als Teil der Erde wahrnimmst! Mein persönlicher Beitrag ist etwa, dass ein Teil meiner Arbeit mit Walen, Delfinen und Ozeanen darin besteht, auf die Schönheit und Zerbrechlichkeit des Lebens in den Meeren und auf dem Land aufmerksam zu machen. 2007, im UNO-Jahr des Delfins, durfte ich vor den Vereinten Nationen sprechen. Ich hielt dort einen 90-minütigen Vortrag über Delfine, Wale und Frieden in der Welt von heute.

ZEICHEN DEUTEN

Auf dem Weg zu deiner Bestimmung ist es hilfreich, wenn du die uralten und in allen Kulturen bewährten schamanische Techniken nutzt, die es dir erleichtern, die vielen Botschaften, Zeichen und Impulse, die du bekommst, auch tatsächlich wahrzunehmen, zu verstehen und zu deuten. Sonst besteht die Gefahr, dass du sie übersiehst, ignorierst und einfach dein bisheriges Leben weiterlebst – ohne überhaupt zu bemerken, dass es auch andere Möglichkeiten für dich gegeben hätte, die dir und deinem Seelenplan mehr entsprechen. Wir lernen leider heutzutage in Schule und Gesellschaft für gewöhnlich nicht, solche Botschaften und Zeichen zu erkennen und in der Folge auf unseren Seelenplan und unser Glück hinzuarbeiten. Woher also solltest du wissen, wie das geht?

Dieses Wissen möchte ich dir jetzt weitergeben, mittels einiger schamanischer Methoden, die uralt sind, also schon Tausende von Jahren erprobt und bewährt. Es sind deine Werkzeuge. Probiere aus, welche davon für dich am besten funktionieren.

Werde regelmäßig ruhig, besinne dich,
damit du die Zeichen in deinem Leben
wahrnehmen kannst.

VERBUNDENHEIT MIT DEM LEBEN

Verbringe regelmäßig Zeit in der Natur. Dort verbindest du dich wieder mit dem Leben, mit deinem Leben, denn auch du bist Natur.

Besinne dich in der Natur darauf, dass wir durch die vier Elemente, den Bausteinen des Lebens hier auf Erden, überhaupt erst auf diesem wunderschönen Planeten existieren können. Die **Luft** lässt uns atmen. Wenn wir zur Welt kommen, machen wir als Erstes einen Atemzug. Und wenn wir diese Erde wieder verlassen, ist unsere letzte Handlung ein Atemzug. Das **Wasser** ist das Element, das den größten Teil der Oberfläche unseres Planeten bedeckt und das – im selben Verhältnis – der hauptsächliche Bestandteil unseres Körpers ist. Wie innen, so außen. Wir brauchen Wasser zum Leben. Das **Feuer** bringt Wärme, lässt alles gedeihen. Es liefert auch die notwendige Kraft der Transformation, indem es verbrennt, was vergangen ist. So unterstützt es den unentwegten Wandel. Und die **Erde** schließlich bringt uns Stabilität. Die Erde ist das Element, worauf wir bauen können, das Materielle, womit wir unseren Visionen und Ideen Gestalt geben können.

Du findest in der Natur deine Lebenskraft wieder, wenn du erschöpft bist. Wenn du deinen Seelenplan suchst, findest und ihm folgst, wirst du von dieser natürlichen universellen Lebenskraft getragen und begleitet. Dabei gewinnst du Stärke nicht nur aus dir selbst und deinem Mut und deiner Begeisterung, die sich daraus ergeben, sondern eben auch aus dem Fluss des Lebens und des Universums. Dieser unterstützt alle und alles, was ihm entsprechend handelt, mit seinen unsichtbaren Energien.

Übung: Mit der Natur kommunizieren

Gehe für diese Übung in die Natur. Lasse dich von deiner Intuition an einen Platz führen, der dich anzieht und an dem du dich besonders wohlfühlst. Setze dich dort hin, und finde heraus, warum du dich gerade an diesem Ort so wohlfühlst. Ist es ein besonderer Baum oder eine helle Lichtung, sind es schöne Blumen, ist es eine ungewöhnliche Steinformation, oder ist es ein Bach oder ein anderes Gewässer?

Fange nun an, mit der Natur zu sprechen: mit einem Bach, dem Wind, einem Stein – was auch immer dir dort besonders gut gefällt. Teile z.B. dem Baum mit, dass du ihn besonders schön findest, oder zu dem Bach, dass du dich bei ihm wohlfühlst, und bitte ihn darum, seine Kraft mit dir zu teilen und dir Einsichten für dein Leben zu bringen. Höre, was dir geantwortet wird, und achte darauf, was du dabei empfindest.

Beobachte deine intuitive Wahrnehmung, und kommuniziere nicht nur verbal, sondern auch mit Gefühlen und energetisch. Manchmal wirst du als Antwort der Natur möglicherweise Worte, Sätze in deinem Kopf hören, häufig aber auch Gefühle oder eine Energieübertragung bemerken. Oft werden auch Zusammenhänge in deinem Leben plötzlich klarer, du gewinnst Einsichten, Bilder kommen in dir hoch.

Sprich mit der Natur darüber, was in deinem Leben wirklich für dich wichtig ist. Wer bist du, und was willst du wirklich? Nimm dir für diese Fragen so viel Zeit, wie du möchtest, und verweile darin so lange, wie du Antworten erhältst, Energie fließt und du fühlst, dass du aufgeladen wirst. Genieße es.

Bedanke dich am Ende bei der Natur für das Gespräch mit einem Lied, etwas Obst oder einer anderen kleinen Aufmerksamkeit.

Anregung: Du kannst diese Übung auch in der Nacht durchführen und mit dem Mond und den Sternen kommunizieren. Gehe dafür in einer sternenklaren Nacht im Freien an einen Ort, an dem du gut den Himmel betrachten kannst. Wenn es dir möglich ist, lege dich auf einer Decke bequem hin, und schaue so zu den Sternen. Nimm wahr, dass sich in dir alles entspannt und weitet, wenn du so nach oben schaust. Betrachte auch dich selbst. Werde dir bewusst, wie winzig klein du in Wirklichkeit bist und dass du gleichzeitig ein Teil des Großen Geheimnisses bist. Sprich dann mit den Sternen, mit dem Mond, und höre, welche Antworten in dir emporsteigen, während du weiterhin ins Universum blickst.

MEINE ERSTE MEDIZINWANDERUNG

Mutig habe ich mich gefühlt, als ich bei meiner allerersten Medizinwanderung um sechs Uhr in der Früh mit meinem Rucksack allein durch den feuchten Nebel in den Wald stapfte. Über satten, grünen Waldboden und schimmerndes Moos, über Baumwurzeln, Pilze und Farn hinweg, dabei den Geruch von nasser Erde in der Nase. So ein ähnliches Gefühl wie das, als ich damals den ersten Tag in die Schule ging … oder als ich dann von zu Hause auszog … oder als ich das erste Mal allein verreiste … Abenteuer, Lebendigkeit, die ganze Welt vor mir – und auch das Unbekannte.

Einen Tag lang, von Sonnenauf- bis -untergang, oder auch nur für ein paar Stunden in der Natur sein, allein und fastend. Begegnung mit der Wildnis, der äußeren und der inneren. Entschleunigung. »Was will ich? Wo stehe ich? Woran glaube ich? Was ist mein Weg?« Das sind die Fragen des Lebens, auf die bei einer schamanischen Medizinwanderung oft Antworten gefunden werden.

Jeder braucht ab und an einen Rückzug, muss allein sein, sich besinnen und der leisen kleinen Stimme in seinem Inneren lauschen. Man möchte dabei hören, was man in seinem Leben machen soll. Für jeden Menschen gibt es Zeiten, wo es besonders hilfreich sein kann und man auch regelrecht den Drang dazu verspürt, in die Natur hinauszugehen, um mit der Wildnis und den Spirits allein zu sein. Dort, an einem ruhigen, einsamen Ort, tritt man mit der Existenz in Kontakt als die Suchende oder der Pilger, der Abenteurer oder die Heldin, allein mit den Wesen der Natur, und geht in die Innenschau.

Nachdem ich ein paar Stunden rastlos – und auch ratlos – durch den Wald gegangen war, setzte ich mich einfach auf einer Lichtung ins Gras. Bei einer Medizinwanderung darf man sich jederzeit nach Lust und Laune ausruhen. Die Sonne schien auf meinen Körper hinab, ich genoss sie, denn zuvor war es noch bewölkt gewesen. Und so, wie sich die Wolken am Himmel verzogen hatten, lösten sich auch die Wolken in meinem Kopf auf. Mein Inneres war noch mit Geschnatter erfüllt gewesen: Was ich eigentlich noch wem hatte mitteilen wollen, was ich erledigen müsste, wenn ich wieder zurück sein würde. Aber weil ich dort, wo ich war, also mitten im Wald, ohnehin nichts **machen** konnte, »kapitulierte« ich einfach. Und dann war es weg: Das Geschnatter in meinem Kopf verschwand.

Ich erlebte den restlichen Tag in einer besonderen inneren Ruhe und Ausgeglichenheit. In meinem Kopf war einfach nichts. Ich saß da und schaute mir die Insekten an, die durch das Gras krabbelten, die Schmetterlinge, die zu den Blumen flogen, und die Bussarde, die weit oben am Himmel als kleine Punkte über meinem Kopf kreisten. Hin und wieder kam ein Gedanke vorbei und zog dann auch gleich wieder von dannen.

Wenn mir danach war, wanderte ich wieder ein Stück durch den Wald, nur um mich dann wieder irgendwo hinzusetzen und einen wunderschönen Baum zu betrachten. Es gab mir Kraft, die Bäume anzusehen. Ich ließ mich treiben, lief auch abseits der Pfade und ging wirklich mitten in den Wald hinein. Dabei achtete ich natürlich immer darauf, die Orientierung zu behalten!

Später am Nachmittag machte ich mich schließlich auf den Weg zurück. Ich hatte Klarheit gefunden, wie es in meinem Leben weitergehen würde, und ich fühlte mich entspannt, kraftvoll und ganz und gar mit guter Lebensenergie aufgeladen. Eigentlich hatte ich noch gar keine Lust, zurückzugehen, und ich wusste, dass ich bald wieder auf eine Medizin-wanderung in die Natur gehen würde. Diese Wanderungen sind seitdem zu einem festen und regelmäßigen Bestandteil meines Lebens geworden.

In der Natur findest du
Kraft und Mut.

Irgendeine Art von Medizinwanderung gab bzw. gibt es in den meisten Kulturkreisen. (Die »größere« Variante der Medizinwanderung ist die Visionssuche, die über mehrere Tage und Nächte geht. Siehe »Visions-suche«, Seite 74.) Der Weg kann einen abseits der vorhandenen Wege führen, hinein ins Herz der Natur. Man liest in ihrem Buch, nimmt wahr, was einem die Steine, Blätter und Tiere, auf die man trifft, sagen wollen. Man lässt sich von ihnen zu Plätzen führen, an denen man Kraft und Lebens-energie tanken kann.

Ohne genau zu wissen, wohin einen dieser Weg führen wird, geht man weiter und erhält ein Geschenk: eine Vision, Antworten, womöglich Klarheit. Wenn das Gefühl, mit dem Fließen des Lebens verbunden zu sein, wiederkommt, ist es ganz einfach. Man spürt die Liebe, Dankbarkeit, Freude und ist glücklich.

Übung: Auf Medizinwanderung gehen

Begib dich selbst in der freien Natur auf eine Medizinwanderung. Gehe für einen ganzen Tag, von Sonnenauf- bis -untergang, auf Wanderung (oder einfach für ein paar Stunden).

Verzichte dabei auf Nahrung sowie auf dein Handy, Bücher, einfach alles, womit du dich viel zu gern ablenken würdest. (Mehr Informationen über die Bedeutung des Fastens findest du in meinen beiden Büchern »Schamanisches Fasten« und »Schamanisches Fasten – Mein Begleiter« sowie auf meiner CD »Abnehmen Schamanisch!«, die alle im Schirner Verlag erschienen sind.) Nimm auf jeden Fall genügend Wasser für einen ganzen Tag mit, also mindestens zwei bis drei Liter, um dich damit gut durchzuspülen. Stelle dich, bevor du hinaus- und losgehst, der Natur und der Welt der Spirits vor. Sage laut oder leise – wie es für dich am kraftvollsten ist – deinen Namen. Und bitte darum, auf deiner Medizinwanderung Antworten (und Impulse) in Bezug auf deine Bestimmung und alles zu bekommen, was du wissen möchtest.

Dein Weg kann dich dabei weg von den Wanderwegen führen. Lasse dich in der freien Natur treiben (behalte dabei die Orientierung), und wenn dir danach ist, halte inne, sitze oder liege, und verhalte dich still. Deine innere Weisheit und Intuition werden dich leiten, wenn du den heiligen Raum von Mutter Erde, die Unsichtbare Welt, betrittst. Fühle den heilenden Herzschlag der Erde, nimm die Naturwesen wahr, die dich führen.

In der Natur kannst du besonders gut deine Lebenskraft entwickeln, denn du bist ein Teil von ihr. Dort kannst du deine schlummernde magische, spirituelle Seite entdecken. Du bist ein mystisches Wesen und verbunden mit dem großen Geheimnis und dem Wunder des Lebens. Allein der Tatsache, dass es dich gibt, wohnt ein Zauber inne. Du bist ein zauberbegabtes Wesen und imstande, vermöge deiner Aufmerksamkeit deine Visionen zu manifestieren.

In der Natur kannst du sein, wer und wie du wirklich bist, sie bringt dein wahres Selbst hervor. Das Licht der Sonne bringt dir Visionen. Tiere spiegeln dir dein Wesen, inspirieren dich und übertragen ihre Kräfte auf dich. Bäume und Pflanzen laden dich mit positiver Energie auf und verbinden dich mit allem, was ist.

Dann kannst du klar erkennen, welche Rolle du in der Schöpfung innehast. Erfülle dir deine Träume und Visionen – zu deiner Freude und zum Wohle des großen Ganzen. Bringe diese Geschenke zurück in dein Leben, auf dass sie blühen mögen und dir dein Leben gut gelingen möge!

Bedanke dich am Ende der Medizinwanderung bei der Natur, z. B. indem du ihr als Geschenk ein Lied vorsingst oder ihr Kräuter oder Obst zurücklässt.

WEISHEIT DER BÄUME

Sagen und Legenden, in denen Bäume uns als Ratgeber, Lehrer oder Heiler zur Seite stehen, sind ein Teil der schamanischen und druidischen Traditionen unserer germanischen und keltischen Vorfahren. So symbolisiert ein Baum, nämlich der Weltenbaum **Yggdrasil,** das schamanische germanische Weltbild. Auch ranken sich noch heute viele Traditionen um Bäume; denke nur an den Maibaum, den Richtfestbaum oder den Weihnachtsbaum.

Im Schamanismus symbolisiert der Baum das Leben und dessen Ebenen: In den Wurzeln, der Unteren Welt, finden wir unsere Gefühle; das, was wir nicht sehen, aber dennoch fühlen. Im Stamm, der Mittleren Welt, sind unser Körper und der Alltag zu Hause; wir leben in der Mitte zwischen Himmel und Erde. Und schließlich in der Baumkrone, der Oberen Welt, befinden sich unser Geist und unser Verstand, die Visionen und die Verbindung zum Himmel. Unsere Seele ist in allen drei Welten zugleich präsent.

Bäume sind weise Verbündete, die uns hilfreich mit Rat zur Seite stehen und für uns spirituelle Medizin bereithalten. Möglicherweise gibt es sogar bereits einen Baum, der versucht hat, mit dir Kontakt aufzunehmen; vielleicht empfindest du eine Vorliebe für einen bestimmten Baum, fühlst dich stark zu ihm hingezogen. In dieser Übung kannst du Kontakt zu diesem Baum aufnehmen bzw. einen Baum finden, wenn du bislang noch von keinem angezogen wurdest.

Ein Baum überlegt sich nicht,
wie er wächst.
Er wächst einfach.
Er streckt sich dem Licht entgegen.
So sollten auch wir Menschen es tun.

Übung: Baum des Lebens

Führe ein Baumritual durch, um durch die vier Aspekte deines Mensch-seins – Körper, Verstand, Gefühle und Seele – deinen Lebenssinn zu fin-den. Das gelingt dir mithilfe der beiden Fragen: »Wer bin ich? Warum bin ich hier?« Tief in dir selbst wirst du deine Antworten finden, du selbst weißt um deine nächsten Schritte; der Baum hilft dir, sie zu finden. Dieses schamanische Ritual hilft dir auch, in Balance zu bleiben bzw. zu kommen und deinen Lebenssinn auf Erden zu verwirklichen.

Suche dir für das Ritual in der freien Natur einen Baum, der dich an-zieht (oder bereits einmal angezogen hat). Setze oder stelle dich mit dei-nem Rücken an diesen Baum. Erfrage nun zuerst, was deine **Gefühle** zu deinen Fragen sagen: »Wer bin ich? Warum bin ich hier?« Höre auf die Impulse, die du an dieser Stelle wahrnimmst.

Wenn du die Antworten erhalten hast, mache eine Vierteldrehung um den Baum herum. Stelle dort deiner **Seele** dieselben Fragen, erfahre, was sie zum Thema deines Lebenssinnes meint: »Wer bin ich? Warum bin ich hier?« Warte auf die Antworten. Nach der nächsten Viertelumdre-hung stellst du deinem **Körper** und dem Materiellen diese Fragen, und befrage nach der letzten Viertelumdrehung deinen **Verstand.**

Es kann sein, dass du aus jeder Richtung eine Antwort erhältst, es kann aber auch sein, dass nur aus einer Richtung wichtige Impulse zu deinen Fragen kommen. Nimm wahr, welche Gedanken und Bilder kommen, be-obachte auch, ob du währenddessen Tiere gehört oder gesehen hast, und welche. Auch könnten sich die Elemente verändert haben, also z. B.

sich etwaige Wolken verzogen haben oder ein lebhafter Wind aufgekommen sein. Du kannst dir auch zwischendurch, während du diese Übung machst, deine Impulse und Eindrücke notieren.

Drehe dich schließlich zum Baum hin um, und umarme ihn, um alle vier Aspekte deines Seins – Körper, Verstand, Seele und Gefühle – miteinander zu verbinden. Lausche dem, was er dir währenddessen erzählt. Bedanke dich am Ende bei deinem Baum, z. B. mit etwas Obst, Tabak oder Mehl. Du kannst ihm auch ein Lied vorsingen oder deine Hände auf dein Herz und dann auf den Baum legen.

TRÄUME DEIN LEBEN

Ich bin eine Träumerin, denn Träume sind Helfer und Wegbegleiter. Seit meiner Kindheit sind Träume für mich stark präsent. Nicht nur meine nächtlichen Träume, sondern auch meine Tagträume leiten mich – mit klaren Zeichen und Hinweisen. Manchmal besuchen mich meine Vorfahren und Spirits in meinen Träumen. Vieles meiner Realität ist »erträumt«. Oft sind meine Träume so real wie das Wachsein, und was ich träume, ereignet sich später tatsächlich.

Ich träume: Ich bin umgeben von Delfinen. Sie schwimmen um mich herum, umhüllen mich wie die Blütenblätter einer Rose. Ich befinde mich in ihrer Mitte. Reine Seligkeit, Freude, Liebe. Sie rufen mich. Ich habe diesen Traum mehrfach, auch tagsüber: Plötzlich sind sie da, alle um mich herum. Und dann sehne ich mich nach dieser Sanftmütigkeit, Sensibilität und Weichheit, die ich bei den Delfinen und Walen wahrnehme. Also reise ich, um wieder mit ihnen zusammen zu sein. Am ersten Morgen, an dem ich mit ihnen schwimme, erlebe ich genau das, was ich geträumt habe.

Lasse dir Zeit fürs Träumen. In keinem anderen Zustand kannst du dich besser mit der Quelle von allem, was ist, verbinden. Gut die Hälfte unseres Lebens verbringen wir mit Traumzeit – sowohl im Schlaf als auch in unseren Tagträumen. Für viele alte Kulturen besteht kein Unterschied zwischen Traumwelt und Wachzustand. Die Traumzeit ist für sie sogar wichtiger und realer, weil der Traum den Baum, den Ehepartner, die Kinder, einfach alles erschafft. »Am Anfang ist der Traum«, sagen die Aborigines. Entsprechend intensiv beschäftigen sie sich in ihrem Schamanismus mit ihren Träumen und der Traumarbeit. Ihr Erleben und ihre Wahrnehmung von Träumen ist viel bewusster und realer als bei uns westlichen Menschen. Wir nutzen den Schlaf nur zum Schlafen, nicht aber zum bewussten Träumen. Weiter sagen die Aborigines: »Wenn du das Träumen vernachlässigst, vernachlässigst du mehr als dein halbes Leben.«

Auf Hawaii beginnt der Tag in der Nacht, weil alles, was sich tagsüber ereignet und erschaffen wird, von Nachtträumen herrührt. Auf Hawaii – und in vielen anderen alten Kulturen – setzt man sich nach dem Aufstehen als Erstes mit seiner Familie zusammen, und alle erzählen von ihren Träumen, um im Gleichgewicht mit dem Leben zu bleiben.

Ganz gleich, ob du wach bist oder schläfst – der Traum ist die Energie hinter allem, was ist. Er ist die Kraft, die hinter den sichtbaren Dingen in der Unsichtbaren Welt fließt. Der Traum durchströmt alle Geschöpfe, er ist die Grundsubstanz der materiellen Welt. Die Kraft des Träumens spiegelt sich in allen Dingen wider, sie vibriert direkt hinter der alltäglichen Welt. Die Traumzeit bringt Ruhe vom Alltag und Erholung, und sie ermöglicht es anderen Ebenen, an die Oberfläche zu steigen. In der Traumzeit kannst du dich mit der Unsichtbaren Welt, dem großen Mysterium, verbinden.

Jeder Mensch kann seine Träume selbst am besten lesen: Wie hast du dich nach dem Erwachen gefühlt? Was hast du im Traum empfunden? Meistens rühren diese Gefühle von deinem Leben im Hier und Jetzt her. Träume sind Botschaften der Seele. Lies die Post, die du nachts bekommst. Du wirst in deinem Traum viele Antworten finden. Beherzige auch deine Tagträume.

Es gibt wunderschöne Träume, aber auch solche, die uns Angst einjagen. Unangenehme Träume zeigen dir, wovor du Angst hast, damit du lernen kannst, deine Ängste aufzulösen. Die malaiischen Senoi bringen ihren Kindern u. a. bei, ihre Träume zu vervollständigen. Geschieht in einem Traum etwas Angsteinflößendes, fordern sie die Kinder auf, den Traum mit einem positiven Ausgang zu Ende zu visualisieren. Begegnet das Kind im Traum beispielsweise einem Ungeheuer, soll es dieses fragen, welches Geschenk es mitgebracht hat. Und in Fallträumen sollen die Kinder einfach losfliegen. Dann sind solche Träume nicht mehr angsteinflößend und verwirrend, sondern etwas Schönes, ein wunderbarer Teil des Lebens. So kann der Mensch den Wachzustand als eine Fortführung der Traumphase begreifen.

Träume dein Leben. Lasse deine Träume in deinem Leben zur Realität werden. Nicht nur deine nächtlichen Träume, sondern auch deine Tagträume leiten dich zu einem sinnerfüllten Leben – mit klaren Zeichen und Hinweisen. Wenn du auf deine Träume achtest und auf sie aufbauend dein Leben gestaltest, helfen sie dir, Glück, Gesundheit, Liebe, Freude und Sinnhaftigkeit in deine Realität hineinzuweben.

Anregung: Beschäftige dich mit deinen Träumen. Nimm dir z. B. vor, für einen bestimmten Zeitraum – etwa ein paar Wochen lang – mit deinen Träumen zu arbeiten. Gib dir abends Zeit, um in Ruhe schlafen zu gehen – nach Möglichkeit etwas früher als du es gewohnt bist. Bitte die Spirits um klare Träume. Trinke vor dem Schlafengehen etwas mehr Wasser als sonst, und wenn du in der Nacht deshalb wach wirst, schreibe dir gleich deine Träume auf, bevor sie wieder entschwinden. Erzähle jeden Morgen jemandem deine Träume, oder schreibe sie auf. Träume auch tagsüber: Lege dich mitten am Tag hin, um zu dösen und zu träumen. Führe ein Traumtagebuch.

»*Nimm dir Zeit, um zu träumen, es ist der Weg zu den Sternen.*«

aus Irland

Übung: Traumzeit

Die folgende Übung kannst du mit allen Träumen – Nacht- und auch Tagträumen – durchführen, die du nicht verstehst.

Lege dich hin, werde ruhig, und schließe deine Augen. Atme tief ein und aus. Erinnere dich an den Traum, mit dem du dich jetzt beschäftigen möchtest. Rufe vor deinem inneren Auge wieder Bilder daraus hervor, und nimm angesichts der Bilder deine Gefühle wahr. Ist da Unsicherheit, Verwirrung? Werde dir als Nächstes in aller Ruhe klar darüber, was der Traum mit deinem Leben zu tun hat; etwa wann du dich auch in deinem Alltag so fühlst. Und welche Änderungen hättest du gern? Wie soll der Traum aussehen, damit du dich sicher und wohlfühlen kannst? Stelle dir das ganz deutlich vor, ändere deinen Traum dementsprechend, bis schließlich deine Empfindungen dabei gut sind.

Nimm dir dafür so viel Zeit, wie du brauchst. Probiere auch verschiedene Möglichkeiten aus, wenn du dir unsicher bist. Auf diese Weise lernst du dich selbst und deine Bedürfnisse am besten kennen. Wenn du den Traum in der Weise visualisiert hast, dass du mit ihm glücklich bist, bedanke dich bei dir selbst. Atme tief ein und aus, und komme mit diesem Wohlgefühl zurück in dein Hier und Jetzt.

FLIESSE

Dein Leben ist wie ein Fluss. Wenn du ein Ziel verfolgst, das dir nicht entspricht, wird dich der Lebensstrom nicht mittragen. Wenn du aber deine Bestimmung findest, wird dich der Fluss an dein Ziel tragen. Wenn du deiner Natur entsprechend lebst, dann bist du dem großen Ganzen am nächsten: Es trägt dich, du fließt mit. Du bist ein Teil des Lebens, ein Teil des Universums.

Vertraue dem natürlichen Strom des Lebens. Wasser hilft dir dabei, dein Leben und deine Kreativität wieder gut fließen zu lassen. Im Schamanismus symbolisiert Wasser die Gefühle und den Fluss des Lebens. Wenn Wasser gestaut ist, verschlammt es – oder es friert ein. Bei uns Menschen ist es ähnlich: Wenn wir in unseren Emotionen blockiert sind, haben wir das Gefühl, erstarrt zu sein oder dass sich etwas in uns angestaut hat. Ist in uns aber der Aspekt Wasser im Fluss, dann sind wir offen, empfangen neue Ideen und Eingebungen, vertrauen uns dem Strom des Lebens an und lassen uns von ihm tragen.

Wir kommen aus dem Wasser, verbringen unsere ersten neun Lebensmonate im Fruchtwasser der Gebärmutter. Auch sind 70 Prozent der Oberfläche unseres Planeten mit Wasser bedeckt. Das entspricht in etwa dem Wasseranteil in unserem Körper. Sogar der Salzgehalt des Meerwassers ist ungefähr der Gleiche wie der unseres Blutplasmas: dreieinhalb Prozent. Ohne Wasser hätte unsere DNS keine Struktur, unsere Zellen könnten nicht miteinander kommunizieren. Wir brauchen Wasser, um zu leben. Kein Wunder also, dass uns dieses Element so nah und vertraut ist. Beim Rauschen des Meeres oder beim Plätschern einer Quelle entspannen wir uns automatisch.

Anregung: Reinige dich, damit dein Leben und deine Kreativität wieder gut fließen können. Insbesondere Wasser kann dir dabei helfen, da ja dein Körper zum Großteil aus Wasser besteht. Wasser kann Erschöpfung, Traurigkeit, Schmerz und Leid hinwegspülen. Visualisiere unter der Dusche einen reinigenden Fluss, der deinen Körper, deinen Verstand und deine Seele erneuert. Nimm ein Bad, und gib für deine Regeneration Meersalzkristalle ins Badewasser. Fahre ans Meer, zu einem Wasserfall, zu einer frischen Quelle oder an einen Fluss. Begib dich dort ins Wasser, und stelle dir vor, wie dieses lebendige Wasser dich energetisch durchdringt und reinigt.

Möglicherweise ist es an der Zeit, dass du deinen Lebensstil änderst, z. B. mit dem Rauchen aufhörst oder auf Alkohol verzichtest. Vielleicht möchtest du fasten (dann empfehle ich dir auch mein Buch »Schamanisches Fasten«). Achte zudem auf deine Worte und deine Gedanken, weil auch sie dir helfen können, dich zu reinigen: Halte sie positiv.

In meinem Buch »Spirit der Delfine und Wale« schreibe ich ausgiebig über die heilsamen Qualitäten des Wassers (und ebenso über die der Delfine und Wale), und auch auf meinen CDs »Spirit der Meere« und »Botschaft der Delfine« gehe ich darauf ein.

Übung: Lebensfluss

Lege dich an einem ruhigen Ort hin. Atme tief ein und aus, und schließe allmählich deine Augen. Stelle dir nun dein inneres Gewässer der Reinigung und Kraft vor. Dieses wird genau so sein, wie es dir gefällt, z. B. ein plätschernder Bach, ein ruhiger See, ein Meer, ein Wasserfall usw. Nimm die Natur in der Umgebung wahr.

Begib dich nun innerlich an diesen Ort. Visualisiere, wie du dich dort reinigst, darin badest. Genieße die Atmosphäre, und entspanne dich.

Nimm als Nächstes die Wasserbewegungen deines Gewässers wahr. Sogar wenn es ein stiller See ist, gibt es dort dennoch eine Strömung, eine Bewegung. Nun betrachte dein Leben: Welche »Strömungen« gibt es in deinem Leben, im privaten und im beruflichen Bereich? Wo hast du das Gefühl, dass eine Strömung dich mitträgt und viel Energie vorhanden ist – und wo ist es an der Zeit, abzugleiten, sich auszuruhen und zu warten, bis eine neue Strömung dich wieder mitträgt? Erlebe das Gefühl, genau zu wissen, wann der richtige Zeitpunkt gekommen ist, mit einer neue Strömung mitzufließen, und wann es stimmig ist, wieder von dieser abzugleiten und sich auszuruhen.

Erlebe dabei, dass du unentwegt in Bewegung bist und darauf vertrauen kannst, dass dein Leben gut und positiv weiterfließt. Genieße dieses Gefühl so lange, wie du möchtest. Komme anschließend wieder zurück, und öffne deine Augen.

Das Leben trägt mich.

 # Visionssuche

Die Visionssuche ist wohl die markanteste Form, seine Lebensvision, die eigene Bestimmung zu entdecken. Sie wird in allen schamanischen Kulturen ausgeübt, um in der Natur zu sich selbst zu finden. Die Visionssuche ist sicherlich nicht für jeden geeignet, aber sie ist eine sehr effektive und kraftvolle Möglichkeit, die eigene Bestimmung zu entdecken.

Für mich persönlich war meine erste Visionssuche, von der ich hier schreibe, ein Wendepunkt in meinem Leben. Ich habe sie unter Anleitung einer ausgebildeten Visionssuche-Leiterin durchgeführt, im Rahmen eines Seminars. Es gab gemeinsame Vorbereitungstage mit Übungen und Meditationen in der Gruppe, dann folgte die eigentliche Visionssuche (mit einem gut durchdachten Absicherungssystem). Anschließend fanden etliche gemeinsame Nachbereitungstage statt, im Rahmen derer das Erfahrene reflektiert wurde. Ich empfehle dir, eine Visionssuche nur unter Begleitung zu machen. Es gibt viele gute Angebote und Seminare im deutschen Sprachraum zu dem Thema.

LEBENSTRAUM

Meine Lebensvision beginnt auf einer Visionssuche. Irgendwann bin ich so weit, dass ich wissen möchte, was meine Bestimmung ist. Ich bin schon auf vielen Medizinwanderungen, der »kleineren« Version der Visionssuche (siehe »Meine erste Medizinwanderung«, Seite 55), gewesen und habe bereits eine Reihe anderer energetischer und schamanischer Praktiken ausgeübt, die ich in diesem Buch beschreibe. Ich ahne zu diesem Zeitpunkt bereits, in welche Richtung mein Leben fließen will, aber ich möchte mir sicher sein. Meine Hauptfrage dieser Visionssuche ist: **Warum bin ich hier?**

Also gehe ich, nur mit meinem Rucksack und ausreichend Wasser ausgerüstet, allein in den Wald. Es ist kalt. Leichter Regen fällt in dünnen Fäden. Ich trage alle Kleidung, die ich mitgenommen habe, am Leib: Hose, Leggings, Socken, Hemd und Pulli, darüber noch eine Regenhose und -jacke, die Kapuze über meine Stirn gezogen. Trotzdem fließt das Wasser meinen Nasenrücken entlang und tropft von der Spitze herunter, stetig wie bei einem tauenden Eiszapfen. Ich hüpfe ein wenig auf der Stelle auf und ab, um mich aufzuwärmen, und reibe meine Hände. Ich erinnere mich daran, dass die Indianer in den Filmen oft für das Wetter singen oder tanzen, meistens um in Dürrezeiten den Regen herbeizurufen. Nun singe auch ich – für die Sonne: »Warme Kraft, komm' her zu mir,« geht es mir spontan über die Lippen. Ich komme mir dabei etwas blöd vor, aber egal, hier draußen wird mich ohnehin keiner hören. Ich bin ganz allein. Dann grinse ich, muss plötzlich über meine Stimme lachen, wie sie im Wald erklingt. Und singe weiter, immer lauter, tanze schließlich auch. Wenn mich jetzt jemand sehen würde … Völlig absurd. Aber hier kann ich es wirklich unbeschwert tun. Es fühlt sich gut an, irgendwie befreiend. Die Sonne und die Wolken kümmern sich jedoch um meinen Gesang und meinen Tanz wenig. Es regnet weiter.

Wieso um alles in der Welt tue ich mir das an?

Ich könnte jetzt zu Hause warm eingekuschelt im Bett liegen, mir vielleicht einen guten Film ansehen und süße Schokolade essen. Aber als mir vor ein paar Jahren eine Freundin das erste Mal von Visionssuchen erzählte, ging mir das Thema nicht mehr aus dem Kopf. Sie berichtete mir von den vielen stillen Stunden im Wald, von der Ruhe, die sich auch innerlich einstellt. Und dass es eine uralte indianische Tradition sei, die auch bei uns immer beliebter werde. Schließlich lernte ich in Deutschland eine Frau kennen, die Visionssuchen anbot und die ihre Ausbildung nach indianischer Tradition in Amerika gemacht hatte. Was sie erzählte, und wie sie es tat, ruhig, klar und herzlich, überzeugte mich. Ich beschloss, mich auf dieses Abenteuer einzulassen.

SCHAMANISCHE MEDIZIN

Die wichtigsten Komponenten der Visionssuche, erklärte jene Frau mir und den anderen Teilnehmern während der Vorbereitungszeit, seien das Unbekannte und der Verzicht auf Nahrung, auf Gesellschaft und auf den Schutz eines Hauses. Ohne Essen, ohne Ablenkung durch Fernsehen, Bücher, Musik und Menschen werde die Natur zum Spiegel unserer Seele, zu einer Herausforderung an unser Selbst. Mithilfe der Natur könnten Menschen die Nabelschnur zur Zivilisation durchtrennen, Abstand zu ihr gewinnen und zu sich selbst finden.

Nur diejenigen, die es wagen,
über ihre Grenzen hinauszugehen,
können herausfinden, wie weit
sie wirklich gehen können.

Ich gebe zu, ich habe auch manchmal Angst – was wird mir, allein und ungeschützt, hier draußen widerfahren? Und gleichzeitig spüre ich, dass meine innere Kraft wächst, mein Mut und mein Selbstvertrauen. Immer wieder rüttelt mich das Wechselbad der Gefühle und Wahrnehmungen auf. Zweifel darüber, was jetzt eigentlich richtig ist. Stimmt das, was ich jetzt fühle? Oder ist es vielleicht diese kleine Stimme der Verwirrung in mir? Ich kann mich nicht entspannen.

Es ist noch nicht ganz dunkel, aber ich liege schon in meinem Schlafsack. Darüber habe ich meine Plastikplane gespannt. Es regnet immer noch, doch ich fühle mich warm und kuschelig in den Daunen. Ich döse vor mich hin. Plötzlich ein lautes »Kracks«. Irgendetwas bewegt sich gleich vor mir im Unterholz, und es muss ziemlich groß sein, denn viele Äste knacken. Binnen Sekunden schlägt mein Herz rasend schnell, und irgendein Urinstinkt in mir sagt: »Rühr' dich nicht, beweg' dich ja nicht, damit es dich nicht bemerkt.« Ich versuche, nicht laut vor Aufregung zu schnaufen, sondern still zu atmen, und lausche angestrengt, was es ist, was da immer näher auf mich zukommt. Es grunzt leise. Jetzt erkenne ich es in der Dämmerung auch: ein Wildschwein, und zwar ein ziemlich großes. Die Schnauze zum Boden gestreckt, geht es ein paar Schritte, bleibt stehen, geht wieder weiter. Einen Meter seitlich von mir entfernt bleibt es stehen, wühlt in der Erde umher, grunzt leise. Dann läuft es weiter. Es ist weg.

Mein ganzer Körper entspannt sich, doch mein Herz rast noch immer. Das war knapp, was wäre wohl passiert, wenn es mich entdeckt hätte? Hätte es mich angegriffen? Oder wäre es selbst angsterfüllt davongelaufen? Ich bin völlig aufgeregt, es war einfach so unglaublich groß und direkt neben mir.

Es war »Medizin«. Das ist im schamanischen Verständnis der Visionssuche etwas, was Einsichten und Visionen bringt und einem auf der Suche weiterhilft. Alle Tiere, Pflanzen, das Wetter sowie Tag- oder Nachtträume können Medizin und Lehrer sein. Tiere jedoch haben eine besondere Kraft, und wenn sie einem während einer Visionssuche ganz nahe kommen, dann wollen sie einem ihre Kraft und ihre Eigenschaften übermitteln – in diesem Fall war es die Erdung und somit die Kraft, meine Lebensvision auch wirklich umzusetzen.

Und auch Bussarde und eine kleine Waldmaus besuchen mich jeden Tag. Die Bussarde schenken mir die Medizin des Überblicks und der Verbindung zum Spirit, und die Waldmaus die Medizin der Genauigkeit und der Geduld. Ich entdecke schließlich, dass ich sogar direkt unter dem Nest der Bussarde mein Lager aufgeschlagen habe – für mich ein starkes Symbol des Neuanfanges.

Irgendwann am zweiten Tag kehren Stille und Entspannung in mir ein. Frieden. Mein Verstand, der immer alles kontrollieren und verstehen möchte, lässt los. Ich bin einfach da, Stunde um Stunde – eine für mich neue Erfahrung. Ich betrachte, rieche und schmecke den Himmel und die Wolken, fühle die Pflanzen. Ich genieße ein Sein ohne Denken und verschmelze mit allem um mich herum, erlebe meine Verbindung zum großen Ganzen. Es ist ein Gefühl, dass alles – auch ich – eins ist, ein pulsierendes, waberndes Etwas, reine Energie, verbunden mit tiefster Liebe und Dankbarkeit.

SOLIDER HINTERGRUND

Die nordamerikanischen Indianer haben die Völker übergreifende Praxis der Visionssuche am stärksten lebendig erhalten. Obwohl die US-amerikanische Regierung den Indianern bis in die Mitte der 1970er–Jahre hinein deren eigene Zeremonien verboten hatte, wurden diese vor allem im Stamm der Lakota geheim weiterpraktiziert. Seit den 1970er-Jahren lehrten viele indianische Älteste, darunter Sun Bear, Black Elk und John Fire Lame Deer, ihre Rituale auch Nichtindianern.

Visionssuchen werden jedoch nicht nur von den nordamerikanischen Ureinwohnern ausgeübt. Die Beschreibungen von Übergangsriten aus aller Welt füllen ganze Bücherregale über Ethnologie. Ob die Initianden für eine gewisse Zeit von der Gemeinschaft abgesondert werden – angefangen von drei, vier Tagen wie in Nord- und Südamerika und Indien, über mehrere Monate hinweg wie in Neuguinea, bei den Massai Ostafrikas, den Fianna im alten Irland und beim »Walkabout« der australischen Aborigines, bis hin zu mehreren Jahren wie in Kambodscha –, ob sie ohne Licht in Hütten eingeschlossen werden wie bei den Yabin oder den Bukauas, bei den islamischen Sufis oder in Nepal, ob sie in Hängematten unter einem Gerüst von Ästen aufgehängt werden wie bei den Chirigano- oder Mascusi-Indianern, immer geht es um ein Überschreitung der Grenzen zur inneren und zur äußeren Wildnis.

Auch in Europa gab es Praktiken, die zur indianischen bzw. zu anderen Visionsuchen eine Ähnlichkeit aufwiesen. Im Laufe der Jahrhunderte jedoch, vor allem im Mittelalter während der Inquisition, wurden diese Traditionen verboten und gerieten später im Zuge der Industrialisierung fast völlig in Vergessenheit. In der »Edda«, einer altnordischen Liedersammlung, die im 13. Jahrhundert auf Island verfasst wurde, wird beschrieben, wie der Gott Odin eine Form der Visionssuche durchführt: Die Initiation fand hierbei an der Weltenesche **Yggdrasil** statt. Dieser heilige Baum, eine gewaltige, immergrüne Esche, gliederte für unsere vorchristlichen Vorfahren die Welt (siehe »Weisheit der Bäume«, Seite 60). An diesem Baum fand neun Tage und Nächte lang, allein und fastend, die Visionssuche statt. Diese Praxis wurde in abgewandelter Form von suchenden Menschen übernommen.

Auch die Tatsache, dass fast alle christlichen Propheten und natürlich auch Jesus allein und fastend in die Wüste gingen und dort ihre göttlichen Eingebungen erhielten, weisen darauf hin, dass die Visionssuche schon sehr lange existiert und uns innewohnt.

MEINE VISION: HEILUNG MIT DELFINEN

Ich erwarte bei meiner ersten Visionssuche weder, dass ich göttliche Eingebungen erhalte, noch, dass ein brennender Dornbusch zu mir spricht; ich wünsche mir einfach Antworten auf meine Fragen. Und der Spiegel der Natur schenkt mir nach meinen ersten beiden aufwühlenden und unruhige Tagen und Nächten, als ich schließlich in die Ruhe komme, auch klare Bilder. Ich erhalte Einsichten, Visionen: Ich bin im Wasser mit Menschen – und Delfinen. Wir sind auf dem offenen Meer. Ich begleite die Menschen, unterstütze sie. Wir schwimmen gemeinsam mit den Delfinen. Wir sind alle sehr glücklich.

Sofort begreife ich die Bilder. Ich reise ja schon seit Jahren um die ganze Welt, um mit frei lebenden Walen und Delfinen zu schwimmen, habe inzwischen sogar etliche Praktika und Ausbildungen bei Delfin- und Delfinschutzorganisationen absolviert. Dort habe ich im Laufe der Jahre gelernt, wie das Schwimmen mit den Walen und Delfinen geht, worauf es zu achten gilt und was man sonst wissen muss.

Ich liebe es einfach, wenn die Delfine kommen, wie wir uns neugierig anschauen. Wie wir uns gegenseitig in die Augen blicken und das Erkennen da ist. Ich spüre ihre Seelen. Und ich weiß, sie spüren meine. Ich liebe es, mit ihnen zu schwimmen und zu spielen! Die Luft anzuhalten, hinabzutauchen, mich mit ihnen gemeinsam zu drehen. Immer wieder kommen mir auch jetzt Freudentränen bei der Vorstellung, das alles mit anderen Menschen zu teilen: sich wieder wie ein Kind zu fühlen und das Leben und die Welt lachend als riesigen Abenteuerspielplatz zu erleben.

Und dann diese wunderschönen Plätze, wo die Delfine und Wale zu Hause sind: idyllische Buchten auf kleinen tropischen Inseln in der Karibik, auf Hawaii, in Lateinamerika, mit Traumstränden, die an den Regenwald angrenzen: Ich sehe alles vor meinem inneren Auge, wie ich die Menschen dort begleite. Vor uns im Wasser Delfine und Wale. Und auf dem Festland in unserem Rücken schweben Schmetterlinge, so groß wie meine Hand, turnen Affen in Bäumen, fliegen bunte Aras und Kakadus kreischend durch die Luft.

Es regnet wieder. Ich zittere – nicht nur wegen der Kälte, sondern auch angesichts der Vorstellung, dass ich so etwas wirklich selbst auf die Beine stellen soll: Menschen dabei zu begleiten, mit Delfinen zu schwimmen. Gruppen! Ausgerechnet ich, eine, die es eher zurückgezogen liebt, still und beschaulich, im Dialog mit der Natur, mit der Seele. Ab und zu darf es zwar auch mal krachen: Tanzen, Partys, Freunde, aber im Großen und Ganzen halte ich mich, wenn irgendwo eine Gruppe ist, eher zurück und bin still. »Und gerade deswegen …«, spricht eine Stimme zu mir. Meine eigene? Nein, es ist, als flüstere mir jemand ins Ohr: »… und gerade deswegen ist das deine Lernaufgabe. Du hast so viel zu geben.«

Stille. Mein Herz pocht. »Es wird leicht sein«, sagt die innere Stimme. Ich hinterfrage nicht. Meine Seele spürt einfach: Das stimmt, das soll ich tun.

Inzwischen folge ich schon lange meinem Herzen und lebe nach meinen Träumen und inneren Bildern – auch wenn es manchmal gegen die Logik meines Verstandes geht. Ich vertraue einfach. Und bislang hat sich dieser Weg immer, und sei es im Nachhinein, als der richtige erwiesen.

MANIFESTATION

Es stimmt, es ist wirklich leicht. Manchmal kommt es mir so vor, als würden mich Wesenheiten auf die richtige Spur führen. Ich telefoniere in der ganzen Welt herum, spreche mit meinen diversen Kontakten. Schließlich spüre ich ganz klar: Auf Hawaii soll es sein. In den blauen, warmen Gewässern, der Heimat vieler wild lebender Delfine.

Ich verkrieche mich über die Silvestertage für zwei Wochen in meinem Zuhause. Es ist tiefster österreichischer Winter, ich treffe niemanden. Draußen viel Schnee – und bei mir in der Wärme viel Arbeit. Schreibe Texte, bastle MEINE Webseite. Alles schreibt sich wie von selbst, und es macht Spaß! Ich überlege, ob ich im großen Stil Werbung machen soll. Ich entscheide mich dagegen, denn ich fühle: Wenn es sein soll, kommen die richtigen Menschen auch so.

So passiert es dann auch – und es kommen sogar viel mehr Menschen, als ich erwartet habe. Mein Wunschziel ist **eine** Gruppe mit neun Teilnehmern. Aber es werden im ersten Jahr gleich **drei** Gruppen! Die Teilnehmer finden mich über E-Mails, die ich versende, über Mundpropaganda und auch ein paar über Infovorträge. Sogar von der UNO in Wien, in Zusammenarbeit mit der »Gesellschaft für Bewusstes Leben (Society of Conscious Living)«, werde ich eingeladen, einen Vortrag über die Heilkraft der Delfine zu halten. Dieser Kontakt wird in späteren Jahren dazu führen, dass ich 2007 vor der UNO anlässlich des Jahres des Delfins sprechen werde. Es interessiert die Menschen, es berührt sie: »Schwimmen mit Delfinen als schamanische Medizin für Lebensfreude, Präsenz, Liebe und Frieden.«, so lautete der Titel meines Vortrags.

Und dann meine Gruppen: Die freien und wilden Delfine kommen fast jeden Tag, die Menschen sind glücklich; viel Lachen und viel Heilung, Tränen und Lebensfreude. Ich bin dankbar, dass ich das, was ich im Leben so sehr liebe, mit so vielen Menschen teilen und sie damit glücklich machen darf.

Am letzten Abend meiner ersten Visionssuche habe ich noch keine Ahnung, dass all dies, geboren aus meiner Vision, die ich während dieser Tage und Nächte allein im Wald finde, auf mich zukommen wird. Ich bin einfach zutiefst dankbar, dass ich nicht nur weiß, sondern vor allem in meiner Seele und jeder Zelle meines Körpers spüre: »Ja, so geht es jetzt weiter«, und dass es in der Tat die Delfine sind, mit denen ich im Zuge meiner Lebensbestimmung arbeiten darf.

In dieser letzten Nacht meiner Visionssuche lege ich mich nicht schlafen. Ich sitze die ganze Nacht lang wach in meinem Schlafsack und blicke in den Himmel, sehe die Sterne und genieße voller Dankbarkeit und Demut die unbeschreibbare Schönheit der Existenz.

Übrigens bin ich inzwischen selbst als Begleiterin für die Visionssuche ausgebildet und habe schon viele Menschen dabei unterstützt, ihre Lebensvision zu finden. Und es fließt weiter: Ich lerne immer mehr dazu, meine Arbeit entwickelt sich ständig. Heilarbeit in der Landschaft der Seele, Menschen dabei zu unterstützen, in den Fluss des Lebens zu gelangen. Jede Heilung, jede Freude bei ihnen bedeutet auch Heilung und Freude für mich.

Anregung: Um dir darüber klar zu werden, ob eine Visionssuche für dich das Richtige ist, nimm wahr, ob es dich anzieht, fastend ein paar Tage und Nächte allein in der Natur zu verbringen. Beschäftige dich für deine Vorbereitung mit den folgenden Fragen: »Wofür möchte ich auf Visionssuche gehen – allein und fastend und in die Natur? Gibt es einen Wendepunkt, Übergang oder Abschnitt in meinem Leben, den ich gern mit einer Visionssuche markieren möchte? Gibt es etwas, was ich mit einer Visionssuche hinter mir zurücklassen möchte? Oder gibt es etwas, was vor mir liegt und ich bekräftigen möchte? Was erhoffe ich mir von einer Visionssuche und einem möglichen neuen Lebensabschnitt?«

Im schamanischen Weltbild gibt es
nichts Wichtigeres für einen Menschen,
als nach dem Sinn zu suchen,
in den sein Leben auf Erden eingebettet ist.

Übung: Lebensvision

Setze dich an einem friedvollen Ort hin, und komme zur Ruhe. Schließe deine Augen, und visualisiere die Weite des Universums: den Sternenhimmel, unsere Milchstraße, andere Galaxien. Genieße dieses Mysterium, diese unendliche Weite des Lebens, die wir nie voll begreifen können.

Rufe nun ein Engel- oder ein anderes spirituelles Helferwesen um Unterstützung an. Frage es, warum du hier auf Erden bist. Warum in dieser Zeit und in diesem Körper? Was ist der Sinn deines Lebens? Was sind deine ganz besonderen und einmaligen Talente und Geschenke, um den Sinn deines Lebens zu leben? Sei offen für Überraschungen. Es kann sein, dass das, was sich dir nun zeigt, ganz anders ist als das, was du aufgrund deiner festgefahrenen Vorstellungen erwartest. Wenn dir etwas unklar sein sollte, frage dein Helferwesen um Rat, damit es dir verstehen helfen kann. Solltest du deine Lebensaufgabe schon kennen, rede mit dem Engel- oder Helferwesen darüber, welche neuen Aspekte es dir diesbezüglich mitteilen kann – im Sinne der gesamten Schöpfung und deiner ganz persönlichen Freude.

Bedanke dich anschließend bei deinem Engel- oder Helferwesen und beim Leben an sich. Komme wieder zurück ins Hier und Jetzt, und öffne langsam deine Augen.

Anregung: Werde dir bewusst, dass unser aller Dasein hier auf Erden ein Besuch ist, der nach spätestens neunzig oder hundert Jahren enden wird. Tenzin Gyatso, der 14. Dalai Lama, regte einst an, in dieser Zeit zu versuchen, mit dem Leben etwas Gutes und Nützliches zu erreichen: »Wenn du zum Glück anderer Menschen beiträgst, wirst du das wahre Ziel des Lebens, den wahren Sinn des Lebens finden.«

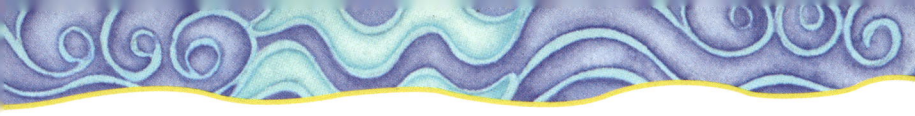

Deine Vision auf die Erde bringen

Wenn du weißt, wie dein Lebensplan aussieht, was deine Vision ist, erweckst du sie nun zum Leben. Du integrierst sie, verkörperst sie und bringst sie auf die Erde und in deinen Alltag. Du erzählst nicht nur davon, sondern du wirst deine Vision und handelst dementsprechend. Du bringst das Gesehene und Erlebte deiner Lebensvision zurück in deine Gemeinschaft, in dein Leben. Dadurch erhältst du auch eine neue Stellung in der Gesellschaft, definierst dich selbst darin neu nach deinem authentischen Sein – und nicht nach den Vorstellungen deiner Herkunft oder deines Landes. Wenn du dein wahres Selbst lebst, heilst du dich, und dies bedeutet aus der ganzheitlichen schamanischen Sichtweise immer auch Heilung der Gesellschaft, insbesondere deiner Gemeinschaft.

Um Platz für deine Lebensvision zu schaffen, ist es manchmal notwendig, etwas loszulassen, was nicht mehr in dein Leben passt. Ein Umfeld, das dein Wachstum nicht unterstützt, blockiert dich. Es ist dann nur eine Reflexion deiner dich blockierenden Schattenseiten: deiner Ängste und deiner Vorurteile dir selbst gegenüber. Der Verzicht auf Unnötiges ist sinnvoll. Seiner wahren Berufung zu folgen, bedeutet auch, jene Ablenkungen aufzugeben, mit denen du es dir gemütlich gemacht hast, obwohl du tief in deinem Inneren weißt, dass sie nicht dein Lebensinhalt sind.

Wenn du das Alte loslässt – einfach aufgrund des Wissens und des Gefühls, dass es nicht mehr zu dir passt, dass diese Zeit vorbei ist –, weißt du oft noch nicht, was das Neue bringt. In dieser im Schamanismus »Schwellenzeit« genannten Zeit, dem Übergang vom Früheren in das Nächste, ist es hilfreich, Erwartungen und fixe Vorstellungen loszulassen, immer und immer wieder. Es ist meistens nicht vorhersehbar, was passieren wird. Dadurch erfährst du natürlich einen enormen Kontrollverlust.

Die beste Möglichkeit, mit dieser Unsicherheit umzugehen, ist, sie anzunehmen und zu akzeptieren. Zu fühlen, dass es keine Kontrolle über die Zukunft gibt. Es geht darum, sich zu lösen, Personen und Dinge loszulassen, ohne zu wissen, was das Ergebnis sein wird. Wichtig ist dabei, dass du dir selbst, deinem Gefühl, dem Leben, einfach dem, was dich geführt hat und führt, vertraust. **Du kannst jener Energie, die dich genau an diesen Punkt in deinem Leben gebracht hat, vertrauen, denn diese Energie bist du!**

Zum Abenteuer Leben gehört es,
dass sich das Leben entwickeln darf,
und man nicht schon im Voraus weiß,
was in der Zukunft sein wird.

Als ich mich selbst auf den Weg meiner Vision begeben habe, hätte ich nie im Leben gedacht, dass ich einmal Bücher schreiben oder gar auf Hawaii leben würde. Ich bin einfach meinem Gefühl und meiner Vision gefolgt, habe vertraut – und der Rest hat sich mit der Zeit entwickelt. Ich habe einfach einen Schritt nach dem anderen gesetzt und das getan, was gerade zu tun war.

Dieser Übergang ohne eine fixe Idee von der Zukunft wird in der schamanischen Weltsicht auch als »Dreschplatz« bezeichnet. Er gilt als Initiation ins eigene Leben. Die eigenen Grenzen zu überschreiten, bereitet Angst, und gleichzeitig ist es unabdingbar. Und dadurch erwachsen auch Mut und Kraft, es zu schaffen. Das bringt Urvertrauen in das eigene Leben zurück.

Deine alten Masken fallen spätestens, wenn du dich wahrhaftig auf deinen Weg machst; wenn du den Schritt über jene Grenze machst, die dir Angst macht, dich herausfordert und durch die du auf dich selbst gestellt bist. Und wo du spürst: **»Das muss ich selbst bewältigen.«** Dann wirst du zu Helden deines eigenen Lebens.

»*Wenn ich loslasse*, *was ich bin*,
werde ich, *was ich sein könnte*.
Wenn ich loslasse, *was ich habe*,
bekomme ich, *was ich brauche*.«

Laotse

Übung: Platz schaffen

Um einen klaren Endpunkt zu setzen sowie Platz für das Neue zu kreieren, hilft ein feierlicher Abschied von der Vergangenheit im Rahmen einer Zeremonie. Dadurch machst du manches Vergangene unschädlich, das schwierig oder schmerzhaft war. Es ist die Zeit der Loslösung.

Werde dir bewusst, was du in deinem Leben loslassen möchtest: eine bestimmte Gewohnheit, einen Wohnort, eine Arbeit, bestimmte Menschen. Gestalte dann für die Loslösung eine eigene Zeremonie. Beispielsweise kannst du alles, was damit verbunden ist – Fotos und andere Andenken – verbrennen und dabei für all das danken, was du in dieser Zeit erfahren, erleben und lernen durftest. Oder du kannst alles, was du loslässt, auf einen Zettel schreiben und anschließend als gefaltetes Papierboot in einen Fluss setzen und treiben lassen. Du kannst auch in ein natürliches Gewässer steigen und so das Alte von dir ablösen und dich davon reinigen. Es kann hilfreich sein, Freunde als Zeugen dabei zu haben, um das Ritual und somit dein Vorhaben zu bekräftigen. Manchmal aber ist es auch gut, das Ritual allein durchzuführen. Du selbst wirst spüren, wie es für dich die beste Energie hat.

DRACHEN UND ANDERE HINDERNISSE BESIEGEN

Auf dem Weg, unser wahres Selbst, unsere Vision umzusetzen, erhalten wir viele unterstützende Hinweise und Zeichen, die uns die Richtung weisen (siehe »Zeichen deuten«, Seite 51). Aber auch »Drachen« säumen unseren Weg. So werden im Schamanismus Energien wie Niedergeschlagenheit, Entmutigung, Resignation, Einsamkeit, Schwäche, Leere und Angst genannt.

Wie wir aus den alten Mythen und Legenden wissen, nimmt der Held den Kampf, also die Auseinandersetzung mit dem Drachen auf. Und gewinnt. Die Drachen sind ein Symbol für deine Schattenseiten, für jene Aspekte in dir, die dich daran hindern können, dein volles Potenzial und deinen Lebenszweck zu leben.

Du wirst durch diesen Prozess erwachsen. Die meisten Menschen sind nicht erwachsen. Sie stecken noch in der kleinkindlichen Erwartung fest, dass Mama oder Papa, ein Prinz oder eine Prinzessin, die Gesellschaft oder der Staat, Gott oder ein Guru kommen wird, um einen zu erlösen, einem alle Antworten zu bringen und einen glücklich zu machen. Aus schamanischer Perspektive kannst aber nur du allein, in Verbindung und in Einklang mit dem großen Ganzen, dein Leben erschaffen. Und dadurch wirst du erwachsen, und du erwachst. Für diesen Prozess brauchst du Geduld, Raum und Zeit.

Häufig liegt der Grund dafür, dass ein Mensch als Erwachsener noch nicht selbstbestimmt und eigenverantwortlich handelt, obwohl er eigentlich vom Alter her volljährig ist, in seiner Kindheit oder Jugend verborgen. Als Kleinkind macht man die unterschiedlichsten Erfahrungen. Die Eltern sind dafür da, das Kind zu beschützen. Sie lassen optimalerweise auch zu, dass das Kind seine eigenen Erfahrungen macht, hinfällt, sich weh tut und Schmerz fühlt, wieder aufsteht und aus dem Erlebten lernt. Eltern müssen das aushalten, es ist ein normaler und fester Teil der Entwicklung des Kindes. Nur durch diese Erfahrungen kann das Kind lernen und sich gesund entwickeln. Eltern können dies ihrem Kind nicht abnehmen; sollten sie das tun, so schaden sie ihm in seiner Entwicklung.

Als Jugendlicher dann kommt man zu sich selbst. Man findet heraus, wer man wirklich ist, was einen interessiert und was einen im Leben glücklich machen könnte. Die Eltern stehen dem optimalerweise begleitend zur Seite und geben ihrem jugendlichen Kind die Möglichkeiten, sich auch in dieser Hinsicht auszuprobieren, sowohl aus Erfolgen als auch aus Fehltritten selbstständig zu lernen, sich dadurch selbst zu finden – ohne dabei Vorstellungen und Erwartungen übergestülpt zu bekommen. Nur dadurch gelangt ein junger Mensch in seine Kraft, Handlungsfähigkeit und Selbstverantwortung.

Gerade in einer dieser beiden menschlichen Entwicklungsstufen – Kindheit oder Jugend – bleiben Menschen häufig auf irgendeiner Ebene stecken. Sie konnten z. B. nicht ihre eigenen Erfahrungen machen, weil in irgendeinem Lebensbereich die Eltern zu sehr mitgeholfen oder aber Erwartungen und Vorstellungen mitgegeben haben. Das erwachsene Verhalten ist also in bestimmten Lebensbereichen immer noch nicht entwickelt.

Erwachsen bist du dann, wenn du dich als Kleinkind und Jugendlicher so entwickelt hast, dass du als volljähriger Mensch in der Lage bist, deine Schritte im Alltag so zu setzen, dass du deine Vision erfolgreich auf die

Erde bringen kannst. Aus diesem Grund spielen in den alten schamanischen Kulturen die Initiationsrituale und Visionszeiten für junge Menschen beim Übergang ins Erwachsenenalter eine so wesentliche Rolle. Du kannst dem Stamm nur dienen, wenn du voll in deiner Kraft bist. Und dann bist du glücklich, denn du machst, was dir entspricht. Übrigens gibt es inzwischen viele ausgebildete Visionssuche-Leiter, die für Jugendliche und junge Erwachsene Seminare der Vision und Initiation ins Erwachsenendasein anbieten – alte Übergangsrituale für moderne Menschen (siehe »Visionssuche«, Seite 74).

Aber keine Sorge – auch wenn du jetzt erkennen solltest, dass du als Erwachsener in irgendeinem deiner Lebensbereiche noch nicht wahrhaft erwachsen bist: Du kannst diese Entwicklung nachholen, indem du wie in diesem Buch beschrieben deine Lebensvision findest und sie Schritt für Schritt umsetzt, zum Zwecke der Bewusstwerdung und Heilung. Die Drachen, die du dabei spürst, ermöglichen es dir, genau jenen kindlichen Schmerz endlich zu fühlen und dadurch als Mensch zu dir zu kommen: »Was will mir die Reifungskrise, der Schmerz zeigen? Warum passiert mir das? Was kann ich daraus lernen?«

Gerade in der größten Verzweiflung hast du die Chance, dein wahres Selbst und deine Lebensbestimmung zu finden. Menschliches Leben ist ein stetiger Wachstumsprozess – von der Geburt über die Kindheit bis in die Pubertät, vom Erwachsenenleben mit Beruf und vielleicht Elternschaft über die Lebensmitte (und die Wechseljahre) bis in den Ruhestand. Meilensteine machen sich häufig in Form von Reifungskrisen bemerkbar, sie gehören zu unserem Leben dazu. Krisen sind der notwendige Übergang von Vergangenem zu Zukünftigem. **Folge in diesen Zeiten deinem Instinkt, denn er weist dir deinen Weg. Vertraue**

deinem Instinkt, denn das bist du. Jeden Tag kommst du ein bisschen weiter auf dem Weg, der für dich der richtige ist.

Aus alledem werden wir infolge der gesunden Entwicklung von einem Kleinkind zu einem Jugendlichen und weiter zu einem Erwachsenen und schließlich zu einem alten, weisen Menschen, der sein Wissen und seine Weisheit an die Jungen weitergeben kann.

Ein leichter Koffer
und ein Herz,
das offen ist für Abenteuer,
sind die Schlüssel
zu einer erfolgreichen Reise –
und einem erfüllten Leben.

Wenn du dich deinen Drachen stellst, gehst du durch die Dunkelheit, durch die dunkle Nacht der Seele, im Wissen um das Licht, das danach kommt. Deine Schatten wandeln sich in Licht, deine Schwächen in Stärken. Da, wo du dich vorher einsam, allein gelassen und im Stich gelassen fühltest, empfindest du dann tiefe Selbstliebe und tiefes Mitgefühl und gehst eigenständig deinen Lebensweg. Wo du vorher ängstlich warst, vielleicht gar Panik bei der Vorstellung verspürtest, deinen sicheren Rahmen zu verlassen, um endlich deinen Weg zu gehen, ist dann Zentriertheit und Erdung. Du bist in deiner Mitte, in deiner Kraft.

Jeder deiner Schritte auf deinem Weg zu dir, zu deinem Lebenssinn macht dich bewusster, stärkt dich und schenkt dir Mut. Du kommst von der Leere in die Fülle, von der Unruhe ins Gleichgewicht. Der Himmel schenkt dir Weite, die Natur dir deine Kraft. Die Natur ist dabei dein Begleiter, Mutter Erde und Vater Sonne geben dir Geborgenheit, Großmutter Mond deine Träume, und Großvater Sternenhimmel unendliche Möglichkeiten.

Begib dich also mit Optimismus, Geschmeidigkeit und Flexibilität in neue Situationen. Vertraue dem Fluss und auch den Wellen des Lebens, denn eines ist sicher: Das Leben geht weiter, unentwegt. Auch wenn du Veränderungen durchläufst, egal, in welchem Bereich, kannst du locker und flexibel sein und mit dem unentwegten Wandel der Zeiten mitlaufen. Du brauchst dich an nichts und niemandem unnachgiebig festzuklammern, weder aus Angst vor Neuem und Unbekanntem noch aus Angst vor Mangel. Das Leben ist Veränderung – und unser Universum ist ein großzügiges!

Übung: Durch die Nacht der Seele

Setze dich an einem ruhigen Ort hin. Schließe deine Augen, atme tief ein und aus, entspanne dich. Nimm nun dein Herz wahr. Wie fühlt es sich an?

Stelle dir vor, wie in deinem Herzen eine kleine Knospe erscheint – von einer Blume, die du magst, in einer Farbe, die dir gefällt. Erlaube dieser Knospe nun, sich langsam zu öffnen – ganz in deinem Tempo. Atme dabei kräftig aus, was du nicht mehr brauchst – Gefühle, Ängste, Erinnerungen, dunkle Flecken. Mit jedem Einatmen öffnet sich die Knospe etwas weiter, und mit jedem Ausatmen lässt du mehr und mehr Altes, Schmerzliches und Schweres los, damit in deinem Herzen Platz für Neues und Freudiges wird.

Erlebe, wie sich die Knospe immer weiter öffnet und dein Herz mit Schönheit, Liebe und Lebendigkeit – mit deiner Lebensvision – erfüllt. Genieße es, wie sich dein Herz und deine Seele anfühlen, wenn die Knospe schließlich ganz geöffnet ist.

Komme dann zurück, und öffne in deinem Tempo wieder die Augen. Willkommen im Leben!

Was wir loslassen,
kann uns nicht mehr festhalten.

102

DER SPRUNG

Es ist gerade Regenzeit, als ich in meinem neuen Zuhause auf Hawaii an-
komme. Es scheint vormittags fast immer die Sonne, aber am Nachmittag ziehen Wolken herauf, die dann des Nachts »aufbrechen« … In der
deutschen Sprache gibt es, glaube ich, kein Wort, das angemessen be-
schreibt, in welcher Weise sich hier der Regen in der Regenzeit ergießt:
stundenlang, heftigst, die ganze Nacht hindurch, wirklich ununterbrochen.

Per Handy erhält man dann vom Wetteramt Warnungen vor her-
annahenden Sturzfluten. Innerhalb von Minuten sind dann die Straßen
kaum noch befahrbar, und es ist besser, zu Hause zu bleiben.

Und am nächsten Morgen ist es so, als wäre nichts gewesen. Strahlender
Sonnenschein. Wir gehen an den Strand, die Delfine springen im Wasser
der Bucht umher, wir schwimmen mit ihnen. Später liegen wir in der Sonne und genießen die paradiesische Schönheit.

Hier auf Hawaii wuchert alles: Die Pflanzen und der Rasen wachsen
über Nacht einen halben Meter, zumindest kommt es mir so vor. Ständig muss zurückgeschnitten und gemäht werden, damit der Urwald
unser Haus nicht komplett in Beschlag nimmt.

Und überall Insekten. In der Regenzeit vermehren sie sich ra-
sant und kriechen dann in Scharen umher und herbei: springende
Spinnen, Termiten, überdimensionale fliegende Kakerlaken. Im-
merhin gibt es keine Schlangen. Auch sind die Spinnen hier auf
Hawaii nicht giftig, aber kreischen muss ich dennoch, wenn etwa
beim Autofahren plötzlich eine mehr als handtellergroße, harm-

lose Riesenkrabbenspinne über den Beifahrersitz krabbelt oder beim Zähneputzen ein anderes großes Insekt aus dem Abfluss emporspringt.

Man möchte meinen, es lebe sich paradiesisch auf Hawaii. Das stimmt durchaus: Ich fühle mich hier glücklich, meine Kinder ebenso. Anfangs gab es auch verschiedene Herausforderungen. Es war zwar meistens, aber nicht immer leicht. Die größte Herausforderung bestand wohl darin, die mir lieben Menschen in der alten Heimat zurückzulassen. Es ging uns dort gut, ich hatte einen großen Lebenskreis in Europa – und trotzdem zog es mich nach Hawaii.

Meine Kinder hatten mit dem Sich-Loslösen überhaupt kein Problem. Obwohl sie anfangs nur wenig Englisch sprachen, lernten sie es im Kindergarten in Nu, und sie gewannen schnell neue Freunde. Und sie erklärten mir bald, dass sie hierbleiben wollten. Ich hatte zwar auf Hawaii während früherer langer Aufenthalte bereits Freundschaften geschlossen, aber mir fehlte die Geborgenheit und die Integriertheit, wie ich sie in Europa hatte. So fühlte ich anfangs stark, dass ich auf Hawaii kein soziales Sicherheitsnetz hatte und mich im Vergleich zu früher auf der anderen Seite der Erdkugel befand.

Manchmal lag ich des Nachts im Bett und mein Herz raste. Ich konnte nicht schlafen, und mein Körper zitterte. Verletzlich, zerbrechlich und allein, so fühlte ich mich. Um mich herum nichts als die unendliche Weite des Meeres, denn Hawaii ist die am weitesten von jeglichem Festland entfernte Inselkette der Welt. Und unter mir ein Vulkan. Hawaii ist das derzeit aktivste Vulkangebiet unserer Erde. Pele, die hawaiianische Göttin des Vulkans, die Veraltetes mit ihrem Lavafluss zu neuem Leben erweckt, flüsterte mir zu: »Lasse auch du das Neue voller Kraft in dein Leben fließen, und erschaffe dich neu!«

Also atmete ich tief durch und erlaubte es meinen Gefühlen und Ängsten, einfach zu sein. Der sintflutartige Regen der Regenzeit half mir dabei, alles – auch Altes – wegzuspülen. Wortwörtlich. Manchmal, wenn mir die Gefühle, die in dieser ersten Zeit hochkamen, zu viel wurden, ging ich hinaus und stellte mich in den warmen Regen. Meine Tränen vermischten sich mit den Tropfen, wurden eins damit. Ich wusste schließlich nicht mehr, ob ich lachen oder weinen sollte. So nahe lag beides beisammen. Und so wandelte sich mein Alleinsein allmählich in ein All-Eins-Sein.

Heute weiß ich sicher: Ich bin genau dort, wo ich sein will. Inzwischen haben sich neue Türen geöffnet, haben sich neue Wege und Freunde aufgezeigt. Und der Kontakt in die alte Heimat ist nicht abgebrochen, sondern er hat sich gewandelt. Es gibt glücklicherweise Hilfsmittel wie Skype oder Flugzeuge. Ich reise alle ein, zwei Jahre nach Europa. Und die mir lieben Menschen aus Europa kommen zu Besuch nach Hawaii – schließlich will ja eigentlich jeder einmal dorthin. Ich vertraue, begleitet von meinen Engeln, dem Strom des Lebens und setze einfach einen Schritt nach dem anderen. Und all das, was mir bisher gelungen ist und was ich erlebt habe, gibt mir Kraft und Mut, den von mir eingeschlagenen Weg fortzusetzen.

Wir bleiben. Unser altes Leben ist endgültig vorbei, denn das Leben wandelt sich unentwegt. Wir sind nicht mehr dieselben wie noch vor ein paar Jahren. Meine Vision, bei der ich die Menschen bei der Begegnung mit Delfinen und Walen begleite, fließt wunderbar. Ich unterstütze diese Menschen darin, mithilfe der Medizin der Delfine in ihre Lebensfreude und Leichtigkeit zu kommen, ihren Lebenstraum zu entdecken, und die

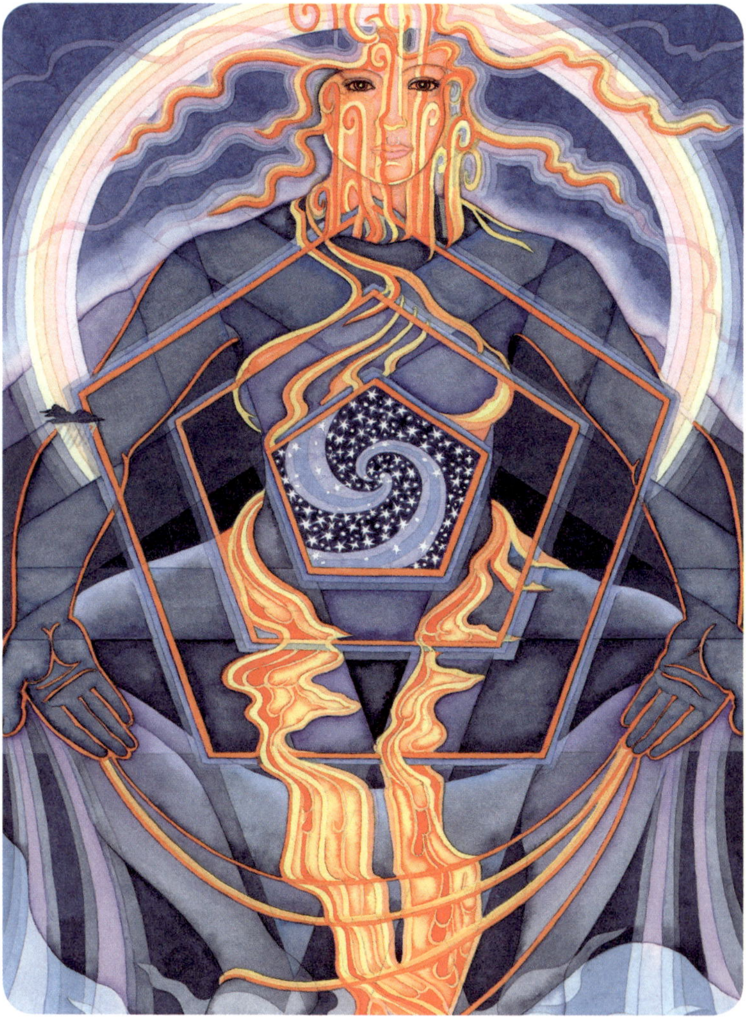

alte lemurische Insel Hawaii tut energetisch das ihre dazu. Ich begleite Menschen schamanisch, sowohl vor Ort als auch per Fernsitzung, und verfasse Bücher und Kartensets; CDs, sogar eine DVD und ein Kalender von mir sind erschienen (vielen Dank dafür an meinen Verlag, an meine Leserinnen und Leser). Ich bin sehr dankbar für mein Leben. Meine Kinder sind glücklich. Ich bin glücklich.

Und ich habe den nächsten Schritt gesetzt und das erste Mal in meinem Leben für meine Familie und mich ein Zuhause erworben. Zuvor lebte ich immer nur zur Miete, weil ich spürte, dass es noch nicht die richtige Zeit oder der passende Ort war. Aber hier auf Hawaii, an diesem freundlichen und ruhigen Ort, sollen meine Kinder aufwachsen, hier möchte ich bleiben. Was die Zukunft bringt, weiß keiner auf Erden. Aber wir sind angekommen.

Neulich ereignete sich in unserem Alltag auf Hawaii eine sehr nette Episode: Ich hole meine Zwillinge – sie gehen mittlerweile in die zweite Klasse – von der Schule ab. Am Parkplatz hält eines der beiden Mädchen plötzlich inne, schaut auf die andere Seite des Parkplatzes, wo ein kleiner Junge mit ein paar anderen Jungs steht, und ruft lauthals quer über alle Leute hinweg, sodass es wirklich jeder hören kann: »KA-U-I, I LOVE YOU!«

Ich lächle verlegen, in Erwartung, dass die Jungs spottend über meine Tochter lachen. Stattdessen höre ich den Jungen sogleich ebenso laut zurückrufen: »I LOVE YOU, TOO!«

Sie strahlt, während meine andere Tochter mir erklärt, dass Kaui in ihrer Klasse sei. Ich kenne ihn natürlich. Als ich nachfrage, ob denn Kaui netter als die anderen Buben (und ob sie vielleicht in ihn verknallt) sei, antwortet sie nur: »Nein, die Buben hier sind alle so nett.«

Auf Hawaii werden die Kinder von klein auf nach dem Aloha-Prinzip großgezogen: »Verhalte dich gegenüber anderen so, wie du es dir wünschst, von anderen behandelt zu werden – nämlich liebevoll, achtsam und respektvoll.« Ganz einfach. Das ist die hohe Kunst des hawaiianischen Huna-Schamanismus und Aloha-Spirit: das liebende Sein, die höchste Kunst des Lebens, das Im-Alltag-Leben. Zusammen mit Kunden und Kollegen, mit dem Partner und den Kindern, einfach mit jenen Menschen, die man tagein, tagaus sieht. Das Alltägliche und das zutiefst Spirituelle werden als das gelebt, was sie sind: als die beiden Seiten der Münze »Leben«.

Ich spaziere einen wunderschönen Küstenweg (dieser alten lemurischen Inselkette mitten im Ozean) entlang. Im Vorbeigehen grüßt mich ein Mann mit einem freundlichen Aloha und geht entspannt weiter. Ich grüße freundlich zurück und lächle. Und denke daran zurück, dass ich anfangs oft erstaunt und sogar misstrauisch war, weil hier einen wirklich fast jeder grüßt. »Was will der von mir?«, war damals noch mein erster Gedanke. Inzwischen weiß ich: Nichts. Der andere möchte mir lediglich im Aloha-Spirit der Inseln Hallo sagen. Mittlerweile weiß ich zudem, dass es auf Hawaii ganz normal ist, Fremde zu grüßen und sogar mit ihnen ein Gespräch anzufangen. Ich genieße es.

Das Gefühl, das ich hier auf Hawaii schon seit meiner Anfangszeit am stärksten erlebe, ist: Ich bin lebendig! Meine Existenz ist ein Wunder, ein Abenteuer, und es geschieht viel Ungewohntes, Unerwartetes. Und ich öffne mich mehr und mehr. Mein Lebenserfahrungsschatz wächst unentwegt. Ich lebe meine Vision.

Mein Fazit für dich, liebe Leserin, lieber Leser, lautet: Traue dich, Neues zu unternehmen und zu erfahren, habe den Mut, deine Träume zu verwirklichen! Wer, wenn nicht du, soll es tun? Es muss dich dafür nicht nach Hawaii ziehen, für dich mag etwas ganz anderes das Passende und Richtige sein. Vielleicht eine neue Arbeit, vielleicht ein neuer Wohnort. Gehe aus deiner Komfort- und Sicherheitszone hinaus, dorthin, wohin es deine Seele und dein Herz zieht. Die Herausforderungen, die dabei auftauchen, schenken dir Lebendigkeit und lassen dich wachsen.

Jetzt ist der richtige Zeitpunkt ist, deine Vision umzusetzen. Tritt in Aktion, komme in Bewegung! Setze das um, was dich antreibt, und gib dem Drang nach, zu handeln. Wenn es deinen Körper mit jeder Zelle in eine bestimmte Richtung zieht, kannst du davon ausgehen, dass es richtig ist, diesem Impuls zu folgen – denn das bist du! Erlebe die Aufregung deiner Aktivität, die dynamische Bewegung. Werde dir der Kräfte bewusst, die sich in dir entfalten, und genieße diesen Antrieb, spüre die Energie. Dein Körper ist dafür gedacht, dass du ihn nutzt, deine Ideen, Visionen und Träume umzusetzen und voller Freude darin zu leben. Dann wird dein Handeln jene Früchte tragen, die du dir wünschst. **Vertraue dabei dem Strom des Lebens, denn es gibt nur das Hier und Jetzt.**

Übung: Aufbruch — Ich tu's!

Mit Tanz und Bewegung kannst du deine Vision, deine Kräfte und deinen Tatendrang aktivieren. Werde dir dafür bewusst, was du gern in deinem Leben umsetzen, für welche Vision du in Aktion treten möchtest. Sprich diese Vision laut aus, mit der Absicht, sie anschließend durch deinen Tanz in dir zum Leben zu erwecken.

Begib dich in einen Raum, in dem du dich ungestört bewegen kannst. Lege dort Musik auf, die dir gefällt, lebendige Musik, die in dir den Drang zu tanzen auslöst. Drehe sie laut auf (so laut, wie es für dich angenehm ist). Bewege dich zur Musik, tanze so lebhaft, dass deine Körpersäfte ins Fließen kommen und du dich vital und kraftvoll fühlst.

Tanze so lange zur Musik, wie du dazu Lust hast. Schalte schließlich die Musik aus, und stelle dich ruhig hin. Spüre nach, in dich hinein. Nimm wahr, dass dein Körper noch vibriert, pulsiert, dass dein Herzschlag beschleunigt ist. Genieße dieses Gefühl der Lebendigkeit. Visualisiere schließlich, wie du für deinen Lebenstraum in Aktion trittst – und er dir gelingt!

*Das Leben ist ein leichter,
freudvoller Tanz.*

❀ Danksagung

Ich danke meinen vielen Wegbegleitern und Freunden, von denen ich lernen durfte und darf – den Menschen wie den Delfinen und Walen, die mir seit bald drei Jahrzehnten Lehrer und Begleiter sind. Für das Wissen in diesem Buch bedanke ich mich insbesondere bei meinen Lehrern in der schamanische Heilarbeit sowie bei meinen Helfern der Geistigen Welt.

Innig danken möchte ich der großartigen und international bekannten Künstlerin Francene Hart (www.FraneneHart.com), die das Covermotiv sowie einige Bilder dieses Buches gemalt hat. Uns verbindet eine langjährige Freundschaft, und wir haben bereits zwei Kartensets miteinander verwirklicht.

Ich bedanke mich bei meinen Verlegern, Heidi und Markus Schirner, für ihr Vertrauen in mich und ihre Unterstützung dabei, meine Arbeit in die Welt zu tragen. Ich bedanke mich bei meinem Lektor Rudolf Garski, mit dessen hervorragender und hilfreicher Begleitung ich schon einige Projekte verwirklichen durfte.

Mein herzlicher Dank gilt auch dir, meiner lieben Leserin, meinem lieben Leser. Aufgrund deiner Freude daran, meine Werke zu lesen, kann ich schreiben! Danke, dass du es mir ermöglichst, auch in Zukunft weiterzuschreiben und weiterzuwirken!

Ich bin immer glücklich, wenn ich meinen Leserinnen und Lesern begegnen, sie kennenlernen und wahrnehmen darf. Dies ist natürlich im Rahmen meiner Seminare möglich, ich genieße aber auch den Austausch auf Facebook und anderen sozialen Medien wie Instagram, Twitter oder Google+. Und auf meiner Homepage www.LisaRainbow.com gibt es ei-

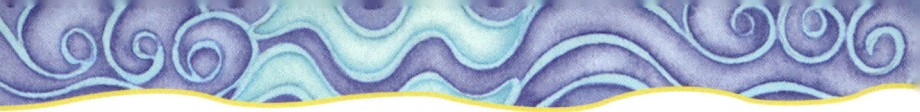

nen Blog, auf dem ich gern all meine Neuigkeiten, Gedanken und Inspirationen mit dir teile.

Ich freue mich auf eine Begegnung!

🪷 Literatur

- Biritz, Lisa: Abnehmen schamanisch! Vier geführte Meditationen. CD. Schirner 2015.
- Biritz, Lisa: Botschaft der Delfine. Zwei geführte Meditationen. CD. Schirner 2013.
- Biritz, Lisa: Schamanisches Fasten. Abnehmen und alles essen – das geht wirklich! Schlank sein mit uralten spirituellen Methoden. Schirner 2015.
- Biritz, Lisa: Schamanisches Fasten. Mein Begleiter für eine glückliche Seele und eine schlanke Figur. Schirner 2017.
- Biritz, Lisa: Seelen-Medizin. Mit schamanischem Wissen und Seelenrückholung zu innerer Ganzheit. Schirner 2014.
- Biritz, Lisa: Seelen-Medizin. Seelenrückholung und Reinigung von Fremdenergien. Zwei geführte Meditationen. CD. Schirner 2014.
- Biritz, Lisa: Spirit der Delfine und Wale. Im Fluss sein mit ozeanischen Begleitern. Schirner 2014.
- Biritz, Lisa: Spirit der Meere. Reise mit den Delfinen und Ruf der Buckelwale. Zwei geführte Meditationen. CD. Schirner 2014.
- Biritz, Lisa: Vision der Seele. Lebenssinn, Erfolg, Begeisterung, Seelenweg. Vier geführte Meditationen. CD. Schirner 2017.
- Biritz, Lisa/Hart, Francene: Seelen-Medizin. Zurück zu innerer Ganzheit durch schamanische Seelenrückholung. Kartenset. Schirner 2013.
- Biritz, Lisa/Hart, Francene: Vision der Seele. Zum erfüllenden und begeisternden Lebensplan durch schamanische Seelenarbeit. Kartenset. Schirner 2016.

- Biritz, Lisa/MacIsaac, Paul: Delfine – Engel und Heiler der Meere. Mitteilungen an die Menschen. DVD. Amra Cinema 2012.
- Foster, Steven/Little, Meredith: Visionssuche. Das Raunen des Heiligen Flusses. Sinnsuche und Selbstfindung in der Wildnis. Arun 2002.
- Harner, Michael: Der Weg des Schamanen. Das praktische Grundlagenwerk zum Schamanismus. Ansata 2011.
- Kansa, Phillip; Kirchner, Elke: Finde dein Krafttier und höre die Botschaft seiner Seele. Schirner 2010.
- Paturi, Felix R.: Heilbuch der Schamanen. G. Reichel 2008.
- Sun Bear: The Path of Power. Simon & Schuster 1995.

❀ Über die Autorin und die Künstlerin

LISA BIRITZ

… reiste um die ganze Welt und erlernte die schamanische Arbeit sowohl nach Sandra Ingerman (Kern-Schamanismus) als auch nach Sun Bear. Sie ist zudem in schamanischen Ahnenaufstellungen, Shiatsu und Reiki ausgebildet sowie zertifizierte Hatha-Yoga-Lehrerin. Die spirituelle Meeresexpertin sprach mehrmals vor der UNO über den Schutz und die Bedeutung der Delfine und Wale. Sie arbeitete als Radiomoderatorin, schrieb für Zeitschriften wie »Frankfurter Allgemeine Zeitung – Magazin«, »Geo Saison«, »Süddeutsche Zeitung – Magazin«, und »Elle«. Die gebürtige Holländerin und Mutter von Zwillingen lebt auf Hawaii in der Bucht der Delfine und Wale, wo sie schamanische Seminare abhält und von wo aus sie Teilnehmer in das Meer bei der Begegnung mit frei lebenden Delfinen und Walen begleitet.

Weitere Informationen unter:
www.LisaRainbow.com

FRANCENE HART

... hat das Cover dieses Buches sowie eine Reihe der Bilder darin gemalt. Sie ist eine international berühmte spirituelle Künstlerin, deren visionäre Arbeiten sowohl bei spirituell interessierten Kunstsammlern als auch in den internationalen Medien Anerkennung gefunden haben. 2001 wurde sie von den Spirits nach Hawaii gerufen, wo sie sich nach wie vor mit Passion der Malerei widmet.

Weitere Informationen unter:
www.FranceneHart.com

Der Vision der Seele hinein in ein begeisterndes Leben folgen …

»Der einzige Mensch, der deine Lebensaufgabe kennt, bist du selbst. Du allein kannst sie finden. Wenn du deinen Lebenstraum gefunden hast, stehst du gern jeden Tag aufs Neue auf. Du weißt dann, was du zu tun hast, und fühlst dich gut dabei. Dein Seelenplan ist das, was dich innerlich wachsen und deine Seele erglühen lässt. Dann kommst du bei dir selbst an. Auch die CD und das Kartenset unterstützen dich darin, deinen einzigartigen Seelenplan und deine Berufung mittels energetischer und schamanischer Techniken und Übungen zu entdecken und freizulegen, die Kernfragen für ein erfülltes Sein zu beantworten – für ein Leben, das dich einfach begeistert. «
Lisa Biritz

978-3-8434-8355-1   Audio-CD: Lebenssinn – Erfolg – Begeisterung – Seelenweg. Vier geführte Meditationen. Ca. 59 Minuten

978-3-8434-9085-6   Kartenset: Zum erfüllenden und begeisternden Lebensplan durch schamanische Seelenarbeit. 44 Karten, mit 112-seitigem Begleitbuch

978-3-8434-1278-0

978-3-8434-9085-6

978-3-8434-1151-6

978-3-8434-8303-2

978-3-8434-8355-1

978-3-8434-8284-4

978-3-8434-1170-7

978-3-8434-5082-9

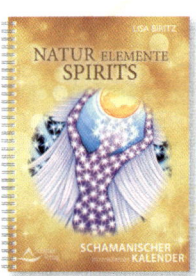

978-3-8434-1183-7

BILDNACHWEIS

Bilder von Francene Hart:
Seiten 4, 22, 34, 42, 65, 72, 88, 95, 100, 106, das Hintergrundmotiv Lotosblume sowie das Wellenmotiv auf allen Seiten

Bilder von der Bilddatenbank www.shutterstock.com:
Auf allen Seiten Schmuckelement »geschwungene Linie« # 108829718 (© iana), S. 8 # 533926615 (© Popartic), S. 12 # 459573091 (© Rawpixel.com), S. 14 # 227018971 (© Aleshyn_Andrei), S. 18 # 534307318 (© oatawa), S. 24 # 138420443 (© Subbotina Anna), S. 27 # 397089613 (© Lucky Business), S. 28 # 517003318 (© AV_Studio), S. 39 # 568089433 (© Chase Dekker), S. 40 # 248940832 (© A. and I. Kruk), S. 47 # 669323860 (© Elina Leonova), S. 50 # 159475340 (© Pearl Media), S. 54 # 314007155 (© Sergey Peterman), S. 58 # 599873945 (© everst), S. 61 # 571849414 (© Stefano Terrinoni), S. 68 # 184441376 (© Spectral-Design), S. 74 # 284133002 (© lzf), S. 79 # 357649862 (© Anton Watman), S. 85 # 369692897 (© Andrea Izzotti), S. 94 # 58926196 (© Helga Chirk), S. 102 # 259989458 (© Amit Erez), S. 109 # 255938671 (© David Franklin), S. 110 # 89387152 (© Daxiao Productions)

Danke für deine **REZENSION**

– Gemeinsam sind wir mehr –

Liebe Leserin, lieber Leser,

von Herzen danken wir dir, dass du dieses Buch in den Händen hältst und es bis zum Ende gelesen hast. Das bedeutet uns, dem Schirner Verlag und seinen Autoren, sehr viel. Aus voller Überzeugung und mit Hingabe widmen wir uns seit vielen Jahren Themen, die unser aller Lebensqualität und Bewusstwerdung dienlich sind, und hoffen, einen Beitrag für eine lichtvollere Welt leisten zu können. Wenn dir unsere Arbeit gefällt, möchten wir dich bitten, dir einige Minuten Zeit zu nehmen, um dieses Buch zu rezensieren. Warum? Die meisten Menschen lesen Rezensionen, bevor sie ein Buch kaufen, da sie hierdurch einen Eindruck bekommen, ob und wie der Inhalt des Buches den Leser erreicht hat. Eine kurze Rezension ist dabei ebenso hilfreich wie eine lange, sehr ausführliche. Um es auf den Punkt zu bringen:

Eine Rezension ist heutzutage die beste Werbung für ein Autorenwerk!

Wenn du den Schirner Verlag und seine Autoren neben dem Buchkauf auch anderweitig unterstützen willst, dann bitten wir dich: Schreibe für jedes Werk eine Rezension – am besten auf der Seite, wo du es gekauft hast und zusätzlich beim Schirner Verlag und bei Amazon. Das wäre nicht nur eine Wertschätzung für die Autoren, sondern kann dazu beitragen, dass die Verkaufszahlen steigen und der Schirner Verlag auch in herausfordernden Zeiten Bestand hat.

WIE SCHREIBT MAN EINE REZENSION?

Grundsätzlich sollte eine Rezension aus der eigenen, subjektiven Sicht geschrieben werden, da es sich um eine persönliche Meinung handelt. Du kannst in zwei Sätzen deine Gedanken zu dem Buch äußern oder eine längere Rezension verfassen. Falls du nicht weißt, wie du beginnen sollst, hier ein paar Anregungen:

- War das Buch leicht verständlich geschrieben? Wie hat dir die Sprache gefallen? Wie empfandest du die Aufteilung der verschiedenen Themen?
- War es unterhaltsam? War es deiner Meinung nach mit Herzblut und Liebe geschrieben? Wie hat es auf dich gewirkt?
- Hat es dein Herz berührt? Konntest du dich wiederfinden?
- War es tief greifend genug? Hast du viel Neues gelernt?
- Hat es gehalten, was der Titel und die Buchbeschreibung versprochen haben? Hat es deine Erwartungen erfüllt?
- Was macht das Buch besonders? Warum sticht es heraus im Vergleich zu anderen Büchern, die ein ähnliches Thema behandeln?
- Würdest du das Buch weiterempfehlen oder verschenken?

Dankeschön